Aprendizado organizacional

Volume 1

Fundamentos e abordagens multidisciplinares

Kira Tarapanoff
(Org.)

Aprendizado organizacional

Volume 1
Fundamentos e abordagens multidisciplinares

EDITORA
intersaberes

EDITORA
intersaberes

Av. Vicente Machado, 317. 14º andar
Centro . CEP 80420-010 . Curitiba . PR . Brasil
Fone: (41) 2103-7306
www.editoraintersaberes.com.br
editora@editoraintersaberes.com.br

Editor-chefe
Lindsay Azambuja

Editor-assistente
Ariadne Nunes Wenger

Editor de arte
Raphael Bernadelli

Análise de informação
Eliane Felisbino

Revisão de texto
Monique Gonçalves
Schirley Horácio
de Gois Hartmann

Iconografia
Danielle Scholtz

Capa
Roberto Querido

Projeto gráfico
Bruno Palma e Silva

Diagramação
Fabiana edições

Dados Internacionais de Catalogação na Publicação (CIP)
(Câmara Brasileira do Livro, SP, Brasil)

Aprendizado organizacional: fundamentos e abordagens multidisciplinares, volume 1 / Kira Tarapanoff (Org.). — Curitiba: InterSaberes, 2012.

Vários autores.
Bibliografia.
ISBN 978-85-8212-080-4

1. Aprendizagem organizacional 2. Eficiência organizacional I. Tarapanoff, Kira.

12-07895 CDD 658.406

Índices para catálogo sistemático:
1. Aprendizado organizacional: Administração de empresas 658.406

1ª edição, 2012.

Sumário

Dedicatória

Em memória de meus pais,
Irina e Vsevolod.

Agradecimentos

Nossos agradecimentos são dirigidos à Editora InterSaberes (Brasil), que se prontificou a publicar a coletânea *Aprendizado organizacional*. Cabe um agradecimento especial a Ulf G. Baranow, ex-professor da Universidade de Brasília – UnB e da Universidade Federal do Paraná – UFPR pelo acompanhamento crítico durante a organização do texto e pela revisão preliminar dos originais. Agradecemos, também, aos avaliadores anônimos pelas suas valiosas sugestões à primeira versão desta obra, sem, contudo, abdicarmos de nossa responsabilidade pela escolha dos conteúdos e da forma apresentada.

Prefácio

Ana Rosa Chopard Bonilauri

Mestre em Psicologia da Educação, especialista em Psicopedagogia e MBA em Gestão do Conhecimento. É presidente da Associação Brasileira de Educação Corporativa – Abec, diretora da Universidade Corporativa do Transporte da Federação das Empresas de Transporte de Passageiros do Estado do Rio de Janeiro – Fetranspor e membro do Conselho Fiscal da Associação Brasileira de Recursos Humanos – ABRH (2010-2012).

A riqueza desta coletânea manifesta-se em cada um de seus dois volumes e no conjunto de seus capítulos.

Evidencia-se, ao longo desta apresentação de novas lógicas de gestão organizacional, que a aprendizagem continuada não é senão a única forma para as organizações se perpetuarem, num contexto em que as inovações se impõem, exigindo o uso de novos conceitos e ferramentas. Nesse sentido, a presente obra traz excelente material para quem estuda ou desenvolve tais práticas nas organizações.

Os estudos aqui reunidos oferecem insumos teóricos e factuais sobre o que representa o APRENDIZADO para a prática empresarial, aprofundando e consolidando o pensamento e as orientações de gestores e teóricos que, ao longo do século XX, construíram a ciência da administração.

Entre eles, Peter Drucker[1], talvez sua maior expressão, no auge dos impactos evolutivos sobre os processos produtivos, apontava a preocupação com a sobrevivência como a primeira lei de uma corporação e que a habilidade para realizar o propósito de produzir bens com o máximo retorno econômico deveria ser o primeiro direcionamento da APRENDIZAGEM nesse ambiente organizacional. Para tal, a corporação precisa ser capaz de identificar todos os conhecimentos e habilidades em sua organização, a fim de desenvolver tanto os ESPECIALISTAS, dotados de alto nível profissional no uso de ferramentas de trabalho, quanto os GENERALISTAS, capazes de julgamento e decisão.

Em 1959, Edith Penrose[2] via a empresa como uma organização administrativa e um conjunto de RECURSOS produtivos, tanto humanos quanto materiais. Nessa definição, referia-se a autora aos RECURSOS como *serviços*, que podem ser gerados no processo produtivo, sendo fruto da EXPERIÊNCIA e do CONHECIMENTO acumulado. Inaugurava-se desde então, na aridez da cientifização, o reconhecimento dos saberes disponíveis, gerados internamente a serviço de uma "organização" produtiva.

Não há como negar que essa realidade faz-nos compreender mais profundamente as condições da APRENDIZAGEM ORGANIZACIONAL, tão sabiamente colocadas por Peter Senge[3]. Educador nascido no rigor das metodologias do gerenciamento de processos, ele soube "desvendar" as relações do APRENDIZADO COLETIVO em suas cinco disciplinas. Foi um divisor de águas. Depois dele, no auge do pensamento sobre a gestão empresarial baseada na qualidade na visão de Edwards Deming[4], passou-se a enfatizar os atributos do relacionamento organizacional, ao humanizar-se ainda mais o contexto e valorizar-se o processo de ENSINO-APRENDIZAGEM.

Sinto-me presenteada com a presente coletânea!

Vou descobrindo em cada página e no trabalho de diferentes autores conteúdos sistematizados sobre inúmeros aspectos de nossa prática profissional que, aos trancos e barrancos, tem sido empurrada para novas descobertas. Aqui me refiro principalmente aos profissionais da gestão de pessoas, que vão traduzindo para as organizações um pouco desses saberes já sedimentados.

Encontram-se nesta coletânea discussões aprofundadas sobre o que é e o que não é APRENDIZAGEM ORGANIZACIONAL; sobre o que é e o que não é a popular – e às vezes tão mal recebida – questão das COMPETÊNCIAS; sobre impactos dos mais novos avanços do mundo digital, que funde e confunde acertos e desacertos da EDUCAÇÃO A DISTÂNCIA, muitas vezes não percebidos nas hostes das organizações, da mesma forma que a revolução da conversação, que vem destruindo formatos tradicionais de diálogos para substituí-los por "multiálogos" e redes capazes de superar barreiras hierárquicas de toda natureza.

Vejo-me, assim, como pessoa da prática, forjada na crítica de EDUCAR NA EMPRESA *versus* EDUCAR NA ESCOLA, amparada e resguardada, encontrando um novo mundo, onde hoje esse limite já não existe mais.

É isso que aprendi. É isso que podemos aprender: não existem mais demarcações nem barreiras. E mais: apenas para aqueles, pessoas e organizações, que perceberem isso, será possível sobreviver.

É preciso ir fundo no presente texto, verificando a riqueza dos conceitos e das lições de experiências, assim como é preciso também ir além do texto, confrontando-o com a nossa prática. Foi assim que me apoderei dele, buscando as referências para uma crítica profunda, que venho fazendo ao longo de minha prática profissional, trabalhando em EDUCAÇÃO E TREINAMENTO EMPRESARIAL; concebendo modelos e práticas em EDUCAÇÃO CORPORATIVA; divulgando conceitos, modelos e experiências em desenvolvimento organizacional e em UNIVERSIDADES CORPORATIVAS.

E pude concluir: não posso, na ânsia de referendar minha prática de "com-partilhar", de "des-construir", de ir e vir, num ato de fora para dentro e de dentro para fora, quase no anseio da refutação, tal qual proferido por Karl Popper[5], deixar de buscar lá no fundo o trabalhador, de trazê-lo até aqui para observá-lo no espaço das organizações, o homem do qual nos ocupamos no nosso dia a dia: o homem aprendiz, o homem especialista, o homem da decisão, o homem em toda a sua transcendência, tal como "traduzido" em sua "humanidade" pela filósofa Hannah Arendt[6: p.31]:

> *A vida ativa, ou seja, a vida humana na medida em que se empenha em fazer algo, tem raízes permanentes num mundo de homens ou de coisas feitas pelos homens, um mundo que ela jamais abandona ou chega a transcender completamente. O mundo no qual vivemos, não existiria sem a atividade humana que o produziu, como no caso das coisas fabricadas; que dele cuida como no caso das terras cultivadas; ou que o estabeleceu através da organização, como no caso do corpo político.*

Simplesmente é o mesmo homem de quem nos ocupamos hoje nas organizações: um sujeito que, imerso no mundo da informação, bombardeado por milhões de *bits* e *bytes* a cada momento, vai escolhendo vias e contatos para, como um elo aparentemente insignificante de uma cadeia poderosa, construir novos significados, tateando apoios, formando *links* e conexões importantes para manter vivas as sociedades, as organizações e a si próprio.

A necessidade do mundo moderno, que esse mesmo homem produziu, irá facilitar enormemente nossa tarefa. Eis o sujeito aberto para alimentar-se com as oportunidades que o exercício do trabalho permite, com a disponibilidade das tecnologias, com o acesso à informação, à interatividade – pelo *Google*, por meio de *blogs, twitters, wikis, orkuts, facebooks* – e com a valorização das equipes e dos saberes tácitos, proporcionados e estimulados nessa nova sociedade do conhecimento.

A simplicidade do aprendizado informal[7] não seria reconhecida se, por trás dessa "chave de ouro" para os profissionais envolvidos com o desenvolvimento organizacional e a EDUCAÇÃO CORPORATIVA, não existissem tantos pensadores, aos quais se juntam os autores deste estudo, organizando conteúdos, conceitos, embasamentos e reflexões sistêmicas para que eu e muitos e muitos leitores possamos organizar e fazer evoluir a prática junto com tantos homens e mulheres trabalhadores dispostos a APRENDER (e ENSINAR) em suas labutas diárias.

Rio de Janeiro, janeiro de 2010.

Referências

1. DRUCKER, P. F. **Concept of the corporation**. New York: John Day, 1946.
2. PENROSE, E. **The theory of the growth of the firm**. 2. ed. Oxford: Blackwell, 1980.
3. SENGE, P. M. **A quinta disciplina**: arte, teoria e prática da organização de aprendizagem. 24. ed. Rio de Janeiro: Best Seller, 2008.
4. DEMING, W. E. **Out of the crisis**. Cambridge: MIT Center for Advanced Engineering Stud, 1986.
5. POPPER, K. **A lógica da pesquisa científica**. São Paulo: Cultrix, 1993.
6. ARENDT, H. **A condição humana**. Rio de Janeiro: Forense Universitária, 1989.
7. CROSS, J. **Informal learning**. San Francisco: Pfeiffer, 2007.

Kira Tarapanoff

Apresentação

Resumo

Este estudo trata do aprendizado em corporações. Os paradigmas subjacentes a essa abordagem são o da sociedade da informação com o foco central no desenvolvimento de infraestruturas e habilidades informacionais para conhecimento de fontes, acesso e uso de informação (*information literacy*) e na conquista, consolidação e disseminação das redes de comunicação e informação; o da sociedade do conhecimento com a sua busca incessante em identificar, resgatar, registrar, compartilhar e criar conhecimento novo; e principalmente o da sociedade do aprendizado, que viabiliza os dois paradigmas anteriores, no qual empresas e pessoas "aprendem a aprender", passando pelos estágios de conscientização, compreensão, ação e análise. O pressuposto adotado é o de que, no atual cenário mundial, o aprendizado ao longo da vida é essencial para a sustentabilidade e o melhor posicionamento das organizações na ambiência, constituindo-se em sua melhor estratégia. É também o principal catalisador da gestão da informação, do conhecimento e da inovação corporativa. No caso dos indivíduos, é a chave para a sua integração na sociedade e causa direta de seu sucesso e integração no mercado de trabalho. Esta coletânea traz contribuições multidisciplinares que têm como objeto o aprendizado em organizações. Entre as áreas envolvidas, destacam-se a administração, a ciência e a gestão da informação, a gestão do conhecimento, a inteligência organizacional e competitiva, as tecnologias de informação e comunicação, a psicologia social do trabalho e das organizações.

O público-alvo é constituído de empresários, consultores, gestores e profissionais responsáveis por programas de capacitação ou por universidades corporativas de grandes, médias e pequenas corporações, professores e alunos e também gestores públicos responsáveis por políticas de desenvolvimento. O material aqui apresentado pode, portanto, ser utilizado como texto básico ou complementar em disciplinas universitárias nas áreas de gestão de pessoas e desenvolvimento organizacional nos cursos de Administração de Empresas e Engenharia da Produção; nas disciplinas de capacitação e desenvolvimento de pessoas da área de recursos humanos, mídia e conhecimento; em áreas de ciências sociais aplicadas, como gestão da informação, gestão estratégica da informação, inteligência competitiva, planejamento e gestão de sistemas de informação, e, ainda, em psicologia organizacional e do trabalho, em cursos de Psicologia.

Contexto

As tecnologias de informação e comunicação (TICs), a organização em redes de informação e o processamento informacional na sociedade do conhecimento vêm ocasionando profundas transformações de dimensão social, cultural, econômica e institucional. Nesta nova sociedade, os indutores da competitividade para empresas e organizações de todos os tipos dependem da criação, do compartilhamento, da disseminação e da utilização efetiva do conhecimento.

Atividades intensivas em conhecimento exigem mão de obra altamente qualificada para acompanhar as constantes mudanças e inovações tecnológicas, bem como as transformações profundas que afetam o ambiente de trabalho. Neste, o conhecimento é o insumo principal, e o aprendizado, sua ferramenta mais importante. No contexto atual, a competência humana e sua produtividade estão no centro do desenvolvimento econômico da sociedade, constituindo-se o capital humano na variável econômica crítica. Por isso, a utilização do potencial humano passa a ser o objetivo da administração moderna.

O aprendizado organizacional (*organizational learning*) tem como foco a organização que "aprende", isto é, que desenvolve habilidades para identificar, adquirir, resgatar, criar e transferir conhecimento, modificando seu comportamento ao refletir novos conhecimentos e novas formas de pensar e agir. Abrange, assim, um conjunto de práticas e comportamentos que visam à geração contínua de conhecimento e à difusão deste por toda a organização. Por sua vez, esse conhecimento permitirá desenvolver novas capacidades para criar novos produtos e serviços, aperfeiçoando os já existentes. Ao sustentar-se no aprendizado cumulativo e na autorrenovação constante, a organização tem em vista o alinhamento contínuo de suas competências em relação a seus objetivos estratégicos.

Criar um ambiente de aprendizado com base nos objetivos organizacionais é um processo no qual é necessário identificar competências individuais e organizacionais* e, sobretudo, levantar as lacunas na aprendizagem individual e organizacional, tendo como parâmetro o alinhamento desta aos objetivos de curto, médio e longo prazo da organização. Ao desenvolver as competências essenciais** ou críticas, visando à competitividade organizacional e à sustentabilidade de

* *A competência organizacional ultrapassa a simples soma das competências individuais, pois a estas somam-se o capital estrutural e de relacionamentos, a história, a cultura, a memória e a* expertise *coletiva da organização.*

** *Trata-se de conhecimentos, habilidades, capital de relacionamentos e tecnologias que permitem a uma empresa oferecer benefícios aos clientes, legitimando sua atuação.*

seu negócio, a empresa mobiliza o conhecimento e a experiência de seus membros, aprendendo e inovando de forma criativa e adaptativa. Complementa-se o ciclo de aprendizado organizacional quando há processo de transferência de conhecimentos a partir do aprendizado individual, ou seja, quando as ações individuais se traduzem em ações da organização, produzindo resultados. Obviamente, essa reação do ambiente, por sua vez, pode realimentar o aprendizado individual, influenciando os modelos mentais individuais e, por conseguinte, a própria memória da organização.

Do ponto de vista estratégico, a organização que aprende, representa plenamente a orientação da escola (administrativa) do aprendizado[1]. Aqui, a formulação estratégica é vista como processo emergente, no qual cabe ao aprendizado organizacional uma atividade central. Do ponto de vista estrutural, a organização que aprende, é descentralizada, encorajando-se comunicações abertas e o trabalho em equipe; em suma: a colaboração entre pessoas substitui a hierarquia. Nesse contexto, são valores predominantes a aceitação de riscos, a honestidade e a confiança mútua, resultando daí uma nova cultura organizacional. Esta dispõe de estratégias suficientemente abertas para aceitar o inesperado, buscando como resultado produtos melhores e lucros mais altos. Ao mesmo tempo, essa nova cultura aumenta a capacidade da organização no sentido de tirar proveito de condições externas adversas e em rápida mudança.

Com o desenvolvimento de universidades corporativas*, inclusive no Brasil**, o foco do treinamento nas organizações está mudando para uma cultura de prática de educação continuada, na qual os

* *Universidades corporativas são entidades educacionais utilizadas como instrumento estratégico. São desenhadas para ajudar a respectiva organização (mantenedora) a atingir sua missão, na condução de atividades que criem a cultura do aprendizado individual e organizacional, colocando em prática os novos conhecimentos adquiridos.*

** *No Brasil a adoção do conceito de "universidade corporativa" teve início na década de 1980. A Rede Globo, por exemplo, instalou a sua universidade corporativa em 1987. Para saber mais sobre as universidades corporativas, consulte o site: <http://www.educor.desenvolvimento.gov.br>.*

empregados aprendem uns com os outros, compartilhando inovações e melhores práticas, tendo em vista a solução de problemas reais. Essa tendência, reforçada pelo desenvolvimento das TICs, tem modificado o perfil do aprendizado em indivíduos e corporações[2].

Proposta

A presente coletânea tem como objeto o aprendizado organizacional no ambiente de trabalho, especialmente em nível individual. Da proposta inicial resultou uma obra coletiva, com contribuições a partir de diversas abordagens, inclusive com enfoques multidisciplinares. Pretendeu-se subsidiar com fundamentos teóricos, metodológicos e práticos o desenvolvimento das organizações, enfatizando a necessidade do aprendizado continuado, para torná-las capazes de crescer de forma sustentável numa ambiência mutante. Os capítulos ficaram, portanto, a cargo de diferentes autores, cada qual em sua especialidade e com sua "leitura" própria da temática geral.

No tratamento dos diferentes temas há contribuições da ciência e da gestão da informação, da gestão do conhecimento, da inteligência organizacional e competitiva, da administração, da psicologia e do desenvolvimento organizacional e da teoria das organizações, entre outras áreas. De modo geral, os paradigmas subjacentes emergem:

i. do próprio conceito de SOCIEDADE DA INFORMAÇÃO, focalizada no desenvolvimento de infraestruturas e habilidades informacionais, com vistas ao conhecimento de fontes, ao acesso e uso da informação (*information literacy*), bem como na consolidação e disseminação de redes de comunicação e informação;
ii. na SOCIEDADE DO CONHECIMENTO (em sua busca de identificar, resgatar, registrar, compartilhar e criar conhecimento); e, principalmente,
iii. na SOCIEDADE DO APRENDIZADO, que viabiliza os dois paradigmas anteriores e na qual empresas e pessoas devem "aprender a aprender".

Este é o contexto em que ocorre o aprendizado de competências informacionais e competências de trabalho, resultando em uma cultura de aquisição, compartilhamento e aplicação de conhecimentos e habilidades em alinhamento com as estratégias da organização.

Estrutura

A coletânea, na qual colaboraram vários autores, divide-se em dois volumes. No VOLUME 1, são examinados os fundamentos do aprendizado em organizações, privilegiando abordagens multidisciplinares, enquanto no VOLUME 2 são discutidas questões referentes ao contexto do aprendizado organizacional, com a proposta de soluções, práticas e formas para acionar esse processo. Ao todo, são 15 capítulos, que iniciam, respectivamente, com um resumo e finalizam com questões para reflexão e sugestões de pesquisas futuras.

A seguir, passamos em revista os dois volumes com seus respectivos capítulos.

Volume 1 – Fundamentos e abordagens multidisciplinares

Aqui predominam abordagens provenientes das áreas de inteligência organizacional e competitiva e da gestão do conhecimento, em suas interfaces com o aprendizado organizacional.

No primeiro capítulo, descreve-se uma organização voltada para o aprendizado como organização inteligente. Sob o título de APRENDIZADO COMO INTELIGÊNCIA ORGANIZACIONAL, Chun Wei Choo, da Universidade de Toronto, oferece um referencial conceitual para as organizações agirem e aprenderem em ambientes complexos em contínua mutação. O autor exige, antes de mais nada, uma visão clara do que a organização é (e deseja ser) para seu ramo de negócios, seu mercado ou sua comunidade. Isso o ajudará a estabelecer uma agenda de aprendizagem e construção do conhecimento. O questionamento inicial – "O que sabemos?" – leva-nos à questão complementar: "O que deveríamos saber?". Esse exercício mental possibilita identificar lacunas de aprendizagem e alternativas para as ações subsequentes.

As TICs têm sido fortes aliadas das organizações nos processos de aprendizado corporativo, uma vez que possibilitam filtrar informações de impacto sobre as atividades organizacionais, utilizando-se, por exemplo, técnicas de inteligência organizacional e competitiva. Entender o percurso das mudanças tecnológicas constitui, atualmente, um dos grandes desafios para os gestores de organizações públicas e privadas, pois a rapidez com que essas tecnologias têm evoluído ultrapassa a capacidade de aprendizagem dos próprios agentes da inovação, da pesquisa e do desenvolvimento. Desse modo, para conduzir essas atividades de maneira competitiva e eficaz, o aprendizado nas organizações requer a inclusão de um forte componente de autoaprendizado.

Esta é a tese defendida por Luc Marie Quoniam e Miguel Rombert Trigo no segundo capítulo, sob o título de INTELIGÊNCIA COMPETITIVA, A *WEB* 2.0 E O APRENDIZADO EM ORGANIZAÇÕES, no qual os autores avaliam as possibilidades que se descortinam a partir da *web* semântica. No nível organizacional, o aprendizado deve cada vez mais sustentar-se na preocupação de promover o aumento do grau de conhecimento dos colaboradores, fomentando sua curiosidade e suas atitudes, além de propiciar um ambiente e metodologias de trabalho adequados à autoaprendizagem.

Entendida como capacidade da organização de se adaptar, aprender, inovar, aumentar seu conhecimento e selecionar alternativas em resposta a condições ambientais nem sempre favoráveis, a inteligência organizacional adota, atualmente, diversas abordagens. O terceiro capítulo, desenvolvido por Eduardo Amadeu Dutra Moresi e Daniel Farias Lopes e intitulado INTELIGÊNCIA ORGANIZACIONAL E APRENDIZADO, trata do tema sob o prisma teórico proposto por Matsuda[3]. Nessa abordagem, são fatores monitorados pela organização: (i) a memória organizacional; (ii) a cognição organizacional; (iii) o raciocínio organizacional; (iv) a comunicação organizacional; e (v) o aprendizado organizacional. Por meio deste último, a organização aprende com seus erros, seus sucessos e com sua própria história.

Os três capítulos seguintes focalizam a gestão do conhecimento como referencial para o estudo do aprendizado em organizações.

Maria Terezinha Angeloni e Andrea Valéria Steil, em Alinhamento de estratégias, aprendizagem e conhecimento organizacional, debruçam-se sobre questões de similaridades e diferenças conceituais entre aprendizagem organizacional, organizações de aprendizagem, conhecimento organizacional e gestão do conhecimento organizacional. A aprendizagem organizacional focaliza a aprendizagem como processo de mudança, tanto em nível cognitivo como comportamental. Esse processo gera como produto o conhecimento organizacional, o qual, por sua vez, pode desencadear novos processos de aprendizagem na organização.

Uma das formas de aprendizado organizacional bastante difundida tem sido as comunidades de prática (CoPs), as quais consistem em estruturas organizacionais, originalmente surgidas de forma espontânea, com vistas ao compartilhamento de conhecimentos. Proliferando de forma um tanto desordenada, o próprio conceito de "comunidades de prática" tem sido usado, em muitos casos, de forma equivocada. Mario Pérez-Montoro Gutiérrez e Sandra Sanz Martos, em Estruturas organizacionais para a criação do conhecimento e da aprendizagem colaborativa, tentam colocar ordem na conceituação das estruturas observadas. Com esse objetivo, analisaram grupos, equipes de trabalho e diversas comunidades (de interesse, de aprendizagem e de prática). Os autores propõem um conceito convergente para as comunidades de prática, definindo-as como grupos de pessoas que desempenham a mesma atividade, preocupados com um problema ou movidos por um interesse comum, aprofundando seu conhecimento por meio de uma interação continuada. A troca de informações e conhecimentos de forma contínua levaria, então, ao aprendizado nos três níveis: individual, grupal e organizacional.

Em uma organização, a construção do conhecimento em comunidades de prática, quando não uma atividade isolada, constitui o resultado da colaboração entre seus membros. Ela pode realizar-se tanto em grupos internos como em parceria com outras organizações, formando verdadeiras "conexões de conhecimento"[4]. Essa perspectiva é tematizada no capítulo desenvolvido por Henrique Flávio Rodrigues da Silveira e Adalberto Felinto da Cruz Júnior, denominado INOVAÇÃO E APRENDIZAGEM EM AMBIENTES INTERORGANIZACIONAIS COLABORATIVOS. Para os autores, a aprendizagem colaborativa ocupa lugar central no contexto atual das organizações. Ao mesmo tempo, a produção do conhecimento vem adquirindo, cada vez mais, características de heterogeneidade e interdisciplinaridade. Frequentemente surgem inovações relevantes, quando áreas de conhecimento antes separadas passam a criar fluxos compartilhados ou mesmo a fundir-se em novas áreas. Com o apoio de ambientes virtuais, as organizações podem rapidamente expandir seus conhecimentos e capacidades, apropriando-se de novos conhecimentos, inclusive com a colaboração de outras organizações.

Obviamente, a aprendizagem organizacional implica uma reestruturação da própria cultura organizacional, isto é, um estado de espírito no qual os colaboradores se capacitam para um modo de pensar mais complexo direcionado ao seu ambiente de trabalho. Desenvolvida no capítulo de fechamento do volume 1, essa análise é da autoria de Sérgio Paulo Muniz Costa, sob o título de CULTURA ORGANIZACIONAL NAS EMPRESAS E NAS INSTITUIÇÕES. Justamente a cultura organizacional é hoje apontada como um dos principais fatores do sucesso de empresas e instituições. Ela permeia também a filosofia e a forma do aprendizado organizacional. O autor observa que, em um momento de difusão praticamente ilimitada da informação e crescente valorização do conhecimento, a cultura organizacional assume um caráter pleno de intencionalidade, devendo inserir-se na política e na estratégia da instituição e superar a barreira entre atividades-fim e atividades-meio. Adequadamente desenvolvida, essa cultura estabelece vínculos entre o indivíduo e a organização, promove autonomia, autodesenvolvimento e crescimento profissional, reforçando a identidade profissional para que a organização possa produzir o conhecimento de que necessita.

Volume 2 – Contexto e propostas

Como no volume 1, também aqui são adotadas abordagens multidisciplinares, destacando-se as áreas da gestão do conhecimento, da psicologia e da ciência e gestão da informação, esta última, em especial, no que tange às necessidades e usos da informação em suas interfaces com o aprendizado organizacional.

Quanto à aprendizagem organizacional, ela vem se constituindo numa nova realidade econômica e social, resultante da evolução do fenômeno da globalização. Essa realidade apresenta desafios e necessidades para pessoas e organizações. Em nível macro, as nações e as suas organizações distinguem-se, cada vez mais, pela competitividade do seu capital humano, do qual se requer:

i. capacidade de inovar em relação aos comportamentos tradicionais;
ii. empenho total na busca de soluções criativas para os problemas do dia a dia;
iii. motivação pela eficácia e ética organizacional.

O capítulo de abertura, assinado por Miguel Rombert Trigo e Luc Marie Quoniam e intitulado Aprendizado ao longo da vida no panorama do desenvolvimento sustentado do conhecimento: o exemplo da União Europeia, trata do aprendizado contínuo, tal qual proposto no contexto da União Europeia, nos termos do Acordo de Bolonha (junho de 1999), com o objetivo de transformar o Bloco Comum Europeu numa sociedade do conhecimento. As diretrizes gerais para o desenvolvimento de um novo profissional, voltado para a criação e a aplicação do conhecimento, incluem fatores como: elevação do nível de qualificação da população; desenvolvimento de estratégias de aprendizado ao longo da vida; ênfase no triângulo do conhecimento: educação, pesquisa e inovação. Os autores enfatizam a necessidade de conjugar esforços entre instituições de ensino superior e empresas, concretizados na educação corporativa, a fim de atingir o nível de preparo proposto.

A educação corporativa vem contribuindo para desenvolver competências críticas, visando à sobrevida de instituições em ambientes mutáveis e turbulentos. Do ponto de vista administrativo, representa uma quebra de paradigma para as organizações e uma proposta inovadora a partir da empresa[5]. Preenche uma lacuna de mercado, oferecendo educação customizada para enfrentar problemas e interesses específicos das corporações, especialmente com vista ao desenvolvimento de novas competências e aprimoramento das já existentes. Essa temática é abordada no capítulo EDUCAÇÃO CORPORATIVA, desenvolvido por Kira Tarapanoff e Lillian Alvares. Além de adicionar valor aos ativos intelectuais, a educação corporativa ajuda a organização a identificar, reter e promover lideranças. Ao mesmo tempo, deve propagar valores e propiciar treinamento em serviço e oportunidades de desenvolvimento na carreira dos empregados em geral, formando competências críticas para a organização.

Por meio do desenvolvimento de competências organizacionais, também chamadas *competências no trabalho*, dá-se origem e sustentação às capacidades da organização. A noção de competências no trabalho figura entre as concepções propostas para orientar o processo de aprendizagem em organizações, na medida em que permite alinhar os esforços de aprimoramento profissional dos empregados à estratégia e aos objetivos organizacionais. No capítulo de Hugo Pena Brandão – APRENDIZAGEM E DESENVOLVIMENTO DE COMPETÊNCIAS: CONCEITOS, PRESSUPOSTOS E PRÁTICAS –, os tópicos abordados incluem as noções de competência, gestão de competências*, relações entre aprendizagem** e competência, processo de treinamento, desenvolvimento e

* *Processo contínuo que toma como referência a estratégia organizacional para orientar esforços em torno da captação e do desenvolvimento daquelas competências que são relevantes para a organização.*

** *Os autores adotam o enfoque cognitivista para o entendimento do aprendizado nas organizações. Sob esse prisma, a aprendizagem é considerada um processo psicológico pelo qual o indivíduo adquire conhecimentos, habilidades e atitudes. Por outro lado, o aprendizado constitui também um processo social, caracterizado pela interação entre pessoas num contexto específico que condiciona os resultados.*

educação (TD&E) nas organizações, bem como a utilização das chamadas *trilhas de aprendizagem*, destinadas a desenvolver competências. Com base no conceito de trilhas de aprendizagem, pode-se integrar:

i. o processo de aprendizagem, necessário para as competências requeridas pela organização;
ii. as ações formais de TD&E para iniciativas de aprendizagem informal no trabalho; e
iii. as expectativas de desempenho da empresa em relação ao ritmo e às estratégias de aprendizagem, bem como quanto às aspirações e às preferências pessoais de seus empregados.

No intento de contextualizar o desenvolvimento de competências críticas no ambiente de trabalho brasileiro e também para justificar os investimentos necessários, Cláudio Starec desenvolve o capítulo denominado As novas fronteiras do conhecimento no mundo do trabalho. Tomando por base a educação corporativa, o autor aponta a necessidade de se desenvolverem critérios e indicadores essenciais para avaliar resultados. O método de avaliação sugerido pelo autor mede o impacto da educação corporativa sobre os resultados globais obtidos pelas empresas, sintetizado no índice de desenvolvimento profissional (IDP). Esse índice leva em consideração aspectos tangíveis em cinco níveis: (i) rendimento; (ii) rentabilidade; (iii) desempenho; (iv) tempo; e (v) qualidade. De acordo com o autor, o IDP constitui um sistema holístico capaz de sintetizar os indicadores mais relevantes, mensurando o impacto do processo de aprendizagem na *performance* individual dos trabalhadores.

A temática da educação corporativa em micro e pequenas empresas é objeto do capítulo desenvolvido por Lillian Alvares e Kira Tarapanoff, sob o título de Educação corporativa setorial voltada para micro e pequenas empresas e a *web* 2.0. As necessidades informacionais e de aprendizado de microempresas e empresas de pequeno porte não diferem significativamente das necessidades informacionais de grandes corporações no que se refere ao aprendizado ao longo da vida, à competitividade e à sustentabilidade. As autoras sugerem uma metodologia de aprendizado apoiada na abordagem cognitivista e socioconstrutivista. Propõem a adoção da aprendizagem situada, ambientada em comunidades de prática, e recomendam aproveitar a possibilidade de oferta da educação corporativa para setores específicos – no caso, de micro e pequenas empresas – por meio do ensino a distância, com apoio de telecentros de informação e negócios, de acordo com o princípio da capacitação de quarta geração com base na *web* 2.0. As parcerias são consideradas fundamentais ao processo de capacitação na microempresa e nas empresas de pequeno porte, visto que dificilmente elas poderiam financiar, de forma abrangente, sua própria capacitação.

A necessidade de desenvolver competências para um trabalho específico ocorre também entre técnicos que trabalham em projetos de desenvolvimento em nível internacional. Essa temática é tratada no capítulo de Patricia Marie Jeanne Cormier – A COOPERAÇÃO TÉCNICA INTERNACIONAL COMO FERRAMENTA NA APRENDIZAGEM ORGANIZACIONAL. Exemplificando, a autora propõe a utilização da gestão da informação como instrumento de capacitação e aprendizagem para os profissionais de uma organização brasileira de cooperação internacional em Moçambique. O estudo de caso envolve um projeto de desenvolvimento urbano, no qual os profissionais têm oportunidade de, simultaneamente, aperfeiçoar seu *know-how* técnico para tarefas futuras.

Um dos principais fundamentos da aprendizagem corporativa consiste no compartilhamento de informações e conhecimentos, tal como exigido no desenvolvimento das atividades organizacionais. Há, portanto, necessidade de interação entre pessoas e do perfeito entendimento e domínio, por parte da organização, da forma como os indivíduos se relacionam com as fontes e os canais de informação. No capítulo desenvolvido por Francisco Djalma de Oliveira e Emir José Suaiden, intitulado IDENTIFICAÇÃO E ANÁLISE DO COMPORTAMENTO INFORMACIONAL COMO INSTRUMENTO DE APRENDIZAGEM

CORPORATIVA, apresenta-se uma reflexão sobre o tema. Os autores analisam o campo de estudos sobre o comportamento informacional e a sua relação com os processos de aprendizado corporativo, com base em abordagens da ciência e da gestão da informação. Ressaltam ainda a necessidade de observar, sobretudo, o contexto no qual se desenvolvem estudos de comportamento informacional. Cada contexto apresenta peculiaridades próprias; por isso, as ações direcionadas à melhoria dos processos de gestão da informação e da aprendizagem corporativa precisam ser pensadas e implementadas segundo essas características.

O volume 2 da coletânea encerra-se com o capítulo desenvolvido por Silvânia Vieira de Miranda – APRENDIZAGEM ORGANIZACIONAL E DESENVOLVIMENTO DE COMPETÊNCIAS INFORMACIONAIS. Sob o prisma da ciência e da gestão da informação, a autora focaliza o desenvolvimento de competências relacionadas ao trabalho com informação, abrangidas pelo conceito de competência informacional. O estudo de caso apresentado demonstra que as características da atividade profissional e da cultura organizacional em que a atividade é realizada influem no desenvolvimento das competências informacionais e no processo de aprendizagem durante o desenvolvimento dessas competências.

Referências

1. Lampel, J. Rumo à organização que aprende. In: Mintzberg, H.; Ahlstrand, B.; Lampel, J. **Safári de estratégia**: um roteiro pela selva do planejamento estratégico. Trad. de Nivaldo Montingelli Jr. Porto Alegre: Bookman, 2000. p. 160-161.

2. Davenport, T. H.; Prusak, L. **Working knowledge**: how organizations manage what they know. Boston, MA: Harvard Business School Press, 1997.

3. Matsuda, T. Organizational intelligence: its significance as a process and as a product. In: International Conference on Economics Management and Information Technology, 1992, Tokyo, Japan. **Proceedings...** Tokyo, 1992.

4. Choo, C. W. **A organização do conhecimento**: como as organizações usam a informação para criar significado, construir conhecimento e tomar decisões. Trad. de Eliana Rocha. São Paulo: Senac São Paulo, 2003.

5. Christensen, C. M. **O futuro da inovação**: usando as teorias da inovação para prever mudanças no mercado. Rio de Janeiro: Elsevier, 2007.

Chun Wei Choo

Capítulo 1
Aprendizado como inteligência organizacional*

* *Título original: "Organizational learning as organizational intelligence".*

Chun Wei Choo

Ph.D. em Estudos da Informação pela Faculty of Information da University of Toronto, Canadá – instituição na qual é professor titular –, mestre em Sistemas de Informação pela London School of Economics e graduado em Engenharia pela University of Cambridge, Inglaterra.

É autor e organizador de vários livros, entre eles:

** "The knowing organization", publicado em 1996 pela Oxford University Press, Oxford e New York (reeditado em 1998 e 2006), e traduzido no Brasil em 2003, sob o título "A organização do conhecimento".*

** "Information management for the intelligent organization", publicado em 1995 pela Information Today, Medford, New Jersey.*

** "Managing information for the competitive edge", em coautoria com Ethel Auster, publicado em 1996 pela editora Neal-Schuman, New York.*

** "Web work: information seeking and knowledge work on the World Wide Web", em coautoria com Brian Detlor e Don Turnbull, publicado em 2000 pela Kluwer Academic Publishers, Norwell, Massachusetts.*

** "The strategic management of intellectual capital and organizational knowledge", em coautoria com Nick Bonti, publicado em 2002 pela Oxford University Press.*

Resumo

As organizações de hoje reconhecem que sua sobrevivência e seu crescimento dependem, em última análise, de sua capacidade de aprender e se adaptar a um ambiente em constante mudança. Neste capítulo, sugerimos que uma organização inteligente é uma organização que aprende, tornando-se hábil a criar, adquirir e transferir conhecimento e a modificar seu comportamento para refletir novos conhecimentos e percepções. A questão básica que se coloca para a viabilização da aprendizagem organizacional seria "O que sabemos?", que leva à questão "O que precisamos saber?". Neste capítulo, descrevemos um referencial que considera essas questões de forma sistemática, identificando oportunidades e métodos para que a organização possa expandir seu conhecimento e sua capacidade de ação de forma efetiva. Organizações são sociedades de mentes humanas. Ações e decisões não são resultados de um processo único e ordenado, emergem de uma ecologia de informação e de atividades de conhecimento, nas quais participantes e pontos de vista diversos convergem e desafiam-se mutuamente. É esse repertório de perspectivas e capacidades que dá à organização a agilidade necessária para entender um ambiente complexo e em constante mudança e responder a ele de forma efetiva. Uma organização é inteligente quando seus membros são inteligentes e quando a organização desenvolveu a cultura e a estrutura para reunir este conhecimento coletivo. A inteligência organizacional, portanto, observa tanto o ambiente externo quanto o ambiente interno da organização. Externamente, a organização prospera, navegando entre ameaças e oportunidades de seu ambiente. Internamente, indivíduos e grupos continuamente renovam e expandem seus conhecimentos e habilidades, o que possibilita à organização agir e aprender. Esta é a principal mensagem deste capítulo, e nas seções seguintes essa temática é explorada de forma mais detalhada.

Inteligência e aprendizagem organizacional

Por muitas décadas, os pesquisadores têm se confrontado com o conceito de inteligência organizacional. Wilensky[1] discutiu inteligência organizacional em termos da coleta, tratamento, interpretação e comunicação da informação necessária nos processos decisórios. Informação não é apenas uma fonte de poder, mas uma fonte de confusão – o excesso de informação tem agravado o problema da inteligência. Com frequência, as causas das falhas em inteligência organizacional podem ser encontradas em doutrinas, estruturas, problemas e processos, provocando distorções e bloqueios. Na análise de Wilensky, grande parte da defesa da organização contra as patologias da informação reside na atitude dos gestores em relação ao conhecimento e na capacidade dos especialistas da informação de influenciar o discurso estratégico. March e Olsen[2] acreditavam que a inteligência organizacional é construída sobre dois processos fundamentais: cálculo racional e aprendizagem pela experiência. O cálculo racional é a escolha de alternativas baseada na análise de suas consequências esperadas de acordo com as preferências. Esse cálculo olha para o futuro, antecipando resultados. Aprender pela experiência é a escolha de alternativas com base em regras desenvolvidas a partir de um acúmulo de experiências passadas. Essa aprendizagem olha para a história passada, vai ao encontro de orientação para futuras ações. March e Olsen observaram que, à medida que as limitações no cálculo racional foram sendo reconhecidas, aumentou o interesse no potencial da aprendizagem organizacional como base para a inteligência organizacional. Organizações e pessoas que nelas aprendem o fazem por meio de suas interações com o ambiente – elas atuam, observam as consequências de suas ações, fazem inferências sobre essas consequências e extraem as implicações para a ação futura. O processo é racional de forma adaptável[2].

Haeckel e Nolan[3] definem a inteligência da organização como sua habilidade para lidar com a complexidade, ou seja, sua capacidade de capturar, compartilhar e extrair o significado dos sinais de mercado. A complexidade da organização, por sua vez, é uma função de quantas fontes de informação necessita, quantos elementos de negócio deve coordenar e do número e tipo de relações que ligam esses elementos. Segundo sua análise, o "quociente de inteligência" de uma organização é determinado por três atributos críticos:

i. a capacidade de acesso a conhecimentos e informações (CONEXÃO);
ii. a capacidade de integrar e compartilhar informações (PARTILHA); e
iii. a capacidade de extrair significado de dados (ESTRUTURAÇÃO).

Conexão significa que fontes de informação, mídias, locais e usuários estão ligados de tal forma que as informações precisas podem ser capturadas e disponibilizadas para os usuários certos, no tempo certo e no local certo. Partilha significa que pessoas em uma organização podem compartilhar dados, interpretações de dados, bem como seus entendimentos dos principais processos da organização. Estruturação significa que a percepção ou o sentido é obtido pela correspondência e pelas correlações entre informações de fontes múltiplas, de modo que alguma forma de padrão ou tendência possa emergir. A estruturação é alcançada pela criação de informação sobre informação, por exemplo, como os dados são organizados, relacionados e usados. Categorias de classificação, índices, sumários e modelos de dados são alguns exemplos de filtragem e estruturação de dados. Haeckel e Nolan[3] acreditam que a estruturação detém o maior potencial para o uso estratégico da informação.

Uma organização inteligente persegue seus objetivos num ambiente externo em constante mudança, adaptando seu comportamento conforme o conhecimento sobre suas conjunturas interna e externa. Em outras palavras, organização inteligente é a organização que aprende, ou seja, que é hábil em criar, adquirir e transferir conhecimento e modificar seu comportamento para refletir os novos conhecimentos e *insights*[4]. Aprendizagem, portanto, começa com novos conhecimentos e ideias, que podem ser criados internamente, na própria organização, ou ser extraídos de fontes externas, mas devem ser aplicados para mudar os objetivos e os comportamentos da organização a fim de garantir que a aprendizagem seja completa.

Paradoxalmente, aprendizagem e adaptação são comportamentos que precisam incorporar seus opostos. Em outras palavras, aprendizagem organizacional inclui necessariamente desaprender sobre o passado – a organização não deve restringir a aprendizagem e a exploração aos seus mercados, produtos e práticas, mas, sim, descobrir novos objetivos e respostas buscando extrapolar padrões de referência habituais e reexaminando normas e premissas[5].

De forma similar, a adaptação a um ambiente envolve, necessariamente, criar um ambiente vantajoso para a organização. Afinal, o ambiente externo é composto por outras organizações, e cada organização se constitui, na realidade, numa parte de sistemas ecológicos maiores, cujos membros estão unidos por interesses comuns e atividades interconectadas. Ao criar seu ambiente, a organização, ou por si própria, ou com seus parceiros, desenvolve previsões* sobre benefícios futuros que podem ser oferecidos e aumenta as capacidades para proporcionar esses benefícios, garantindo então seu futuro[6].

Criar um ambiente é mais do que determinar ou interpretar o ambiente de forma reativa, é muito mais do que encontrar um ajuste adequado ao ambiente. Com efeito, a organização inteligente pode projetar tal ajuste por meio de um entendimento profundo das forças e dinâmicas que moldam o seu futuro.

4 Como a inteligência organizacional e a inteligência individual se relacionam?

Com base em uma revisão de literatura, Glynn[7] conceituou as inteligências INDIVIDUAL e ORGANIZACIONAL como funcionalmente similares e baseadas em capacidades de processar informações. Essa similaridade é evidente na definição da autora para os dois conceitos. A INTELIGÊNCIA INDIVIDUAL é definida como a capacidade de uma pessoa para processar, interpretar, codificar, manipular e acessar informações de modo a adquirir, reter e aplicar conhecimento de forma rápida e com sucesso para responder aos desafios externos ou resolver problemas em um determinado domínio ou contexto[7]. A INTELIGÊNCIA ORGANIZACIONAL é a capacidade de uma organização para processar, interpretar, codificar, manipular e acessar informações de maneira proposital e direcionada a metas, para que a organização possa aumentar seu potencial de adaptação no ambiente em que opera[7]. Para Glynn, INTELIGÊNCIA ORGANIZACIONAL é um resultado social

* *O equivalente em inglês é* foresight.

que está relacionado à INTELIGÊNCIA INDIVIDUAL por três mecanismos: de agregação, de transferência transversal e de distribuição.

AGREGAÇÃO refere-se ao acúmulo de inteligências dos membros individuais para sua conversão em inteligência organizacional. TRANSFERÊNCIA TRANSVERSAL é a inteligência do indivíduo transformada e codificada como inteligência organizacional. A DISTRIBUIÇÃO ocorre quando a inteligência organizacional é incorporada nos padrões estruturados de pensamento e ação nos quais membros da organização interagem e se engajam[7].

Akgun, Byrne e Keskin[8] ampliam a discussão de Glynn, salientando que organizações são compostas de indivíduos e suas interações recíprocas, conhecimentos, comportamentos, cognições, sentimentos, emoções e culturas funcionais, bem como processamento de informações de infraestruturas tais como as tecnologias da informação e sistemas de interpretação para eventos do ambiente. Os autores propõem uma perspectiva da inteligência organizacional baseada na teoria da estruturação[9], que destaca os atributos estruturais (isto é, processamento de informações), funcionais (isto é, comportamentais) e sociais da inteligência organizacional. A inteligência organizacional torna-se uma atividade cotidiana cognitivamente distribuída e demonstrada pelo comportamento das pessoas, da cultura e das rotinas da organização. Inteligência organizacional não é uma entidade, mas uma atividade – uma propriedade das interações combinadas entre indivíduos, coletivos e ambiente[8].

Como a aprendizagem individual se relaciona à aprendizagem organizacional?

Assim como a inteligência organizacional nasce da inteligência individual, a aprendizagem organizacional também deve estar profundamente conectada à aprendizagem individual. Crossan, Lane e White[10] desenvolveram um famoso relato indicando como a aprendizagem individual e a organizacional estão dinamicamente ligadas em um ciclo de laços de *feed-forward* e *feedback*. Em seu modelo, a aprendizagem organizacional ocorre em três níveis: individual, grupal e organizacional. Esses níveis de aprendizagem estão ligados por processos sociais e psicológicos de intuição, interpretação, integração e institucionalização.

A INTUIÇÃO e a INTERPRETAÇÃO acontecem no nível individual; a INTEGRAÇÃO ocorre em nível de grupo, e a INSTITUCIONALIZAÇÃO, em nível organizacional. Os autores[10] definem os quatro processos da seguinte forma:

i. INTUIÇÃO é o reconhecimento pré-consciente do padrão e/ou das possibilidades inerentes a um fluxo pessoal de experiência.
ii. INTERPRETAÇÃO é a explicação, por meio de palavras e/ou ações, de um *insight* ou ideia para si mesmo ou para outros.
iii. INTEGRAÇÃO é o processo de desenvolvimento do entendimento entre indivíduos e a tomada de ações coordenadas por meio de ajustes mútuos. Este processo será, num primeiro momento, extemporâneo (*ad hoc*) e informal, mas, se o ato de realizar uma ação coordenada for recorrente e significativo, ele será institucionalizado.
iv. INSTITUCIONALIZAÇÃO é o processo de assegurar que as ações convertidas em rotinas ocorram. As tarefas são definidas, as ações, especificadas e os mecanismos organizacionais, postos em prática para garantir que determinadas ações ocorram. Trata-se do processo de incorporação de aprendizagem que ocorreu por parte de indivíduos e grupos na organização e que inclui sistemas, estruturas, procedimentos e estratégias[10].

No modelo, o *feed-forward* ocorre quando as novas ideias e ações do indivíduo fluem para o grupo e para a organização. Ao mesmo tempo, o que já foi aprendido e institucionalizado retroalimenta (*feedback*) a partir da organização para o indivíduo, afetando a forma como as pessoas pensam e agem. A aprendizagem, portanto, é conduzida pela tensão entre a exploração de novas ideias (*feed-forward* do indivíduo) e a utilização do conhecimento institucionalizado (*feedback* da organização).

Enquanto Crossan, Lane e White[10] apresentaram uma visão de sistemas de aprendizagem, Marsick e Watkins[11] focaram sobre a aprendizagem individual no ambiente de trabalho como o modo pelo qual indivíduos ou grupos adquirem, interpretam, reorganizam, mudam ou assimilam um conjunto de informações relacionadas, bem como habilidades e sentimentos. Também é primordial a maneira pela qual as pessoas constroem sentido em sua vida pessoal e em sua vida compartilhada na organização.

Marsick e Watkins[11] identificaram três formas de aprendizagem que ocorrem nas organizações:

i. APRENDIZAGEM FORMAL, que se dá por meio de programas de treinamento e desenvolvimento, principalmente em salas de aula;
ii. APRENDIZAGEM INFORMAL, que acontece a partir das interações do dia a dia, é tipicamente não estruturada e controlada pelo indivíduo;
iii. APRENDIZAGEM INCIDENTAL, que é o subproduto de outras atividades, como a realização de tarefas, a interação interpessoal, a sensação da cultura organizacional ou a experimentação na tentativa e erro[11].

Esta última forma pode ocorrer quando indivíduos aprendem sobre a cultura organizacional, por exemplo, quando observam como a organização identifica seus objetivos e avalia desempenho. Políticas, processos e sistemas técnicos frequentemente têm efeitos maiores na aprendizagem do que atividades formais de treinamento.

Casey[12] argumentou que, com base em uma visão multimodal de aprendizagem, a avaliação da aprendizagem nas organizações precisaria ir além dos resultados em termos de desenvolvimento de habilidades dos programas de treinamento.

Essa avaliação também terá de considerar a qualidade de sistemas e atividades de aprendizagem. Aplicando a teoria da ação social de Parsons, Casey[12] propôs questões a considerar. Por exemplo, o processo de planejamento estratégico (como uma atividade de aprendizagem), efetivamente, contribuiu para a integração global da organização? O processo desenvolveu objetivos significativos para a organização e seus membros? Esses objetivos foram disseminados e entendidos? Qual foi a APRENDIZAGEM INCIDENTAL resultante do processo? Os objetivos e a forma como eles foram desenvolvidos se mostraram congruentes com a cultura da organização? Será que o processo tirou proveito da experiência dos membros da organização e os encorajou a refletir sobre suas ações e contribuições?

Inteligência e aprendizagem organizacional sob a ótica da informação

Se nos concentrarmos sobre os ASPECTOS INFORMACIONAIS da aprendizagem, o processo de inteligência/aprendizagem organizacional pode, então, ser visto como um ciclo contínuo de atividades que envolvem: sentir o ambiente, desenvolver percepções e gerar sentido por meio da interpretação, utilizando-se a memória sobre a experiência do passado para auxiliar a percepção e a execução da ação com base nas interpretações desenvolvidas, conforme a figura apresentada a seguir.

Figura 1.1 – Inteligência organizacional/ciclo de aprendizado

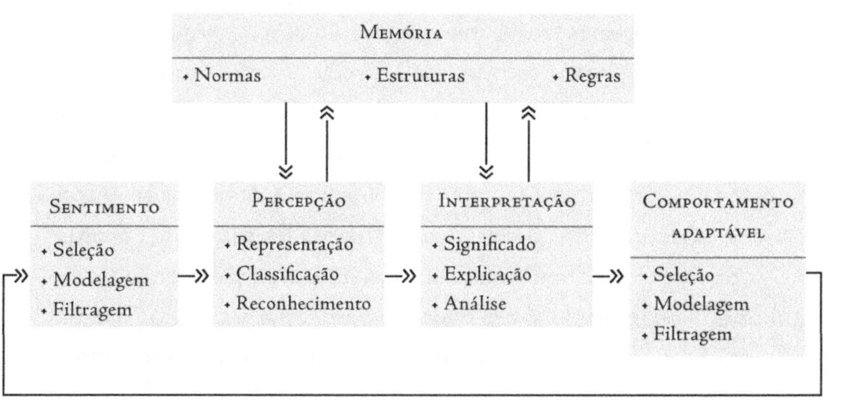

Fonte: Choo[13: p.19].

Sentir é coletar informações sobre os ambientes externo e interno. Como a organização não pode lidar com todos os eventos ou desenvolvimentos, ela colhe amostras de eventos para a aprendizagem, filtra mensagens recebidas de acordo com seus interesses e seleciona áreas para uma análise mais apurada. A memória é derivada das experiências da organização ao interagir com o ambiente e é expressa formalmente (regras, políticas) e informalmente (normas, narrativas). A experiência desenvolve regras, que são utilizadas para combinar situações com respostas apropriadas, e referenciais, que são utilizados para definir problemas e suas dimensões mais importantes.

A percepção é a identificação de eventos e entidades externas e o desenvolvimento de descrições sobre eles utilizando o conhecimento que está disponível na memória. Estratégias de percepção envolvem o desenvolvimento de uma representação de uma cena externa, classificando-se objetos e eventos de acordo com categorias que são conhecidas ou que tenham sido encontradas antes e reconhecendo-se a identidade e os principais atributos de objetos de interesse. A percepção organizacional depende fortemente de normas, referências e regras que os membros da organização usam como lentes para examinar tendências e evoluções.

A interpretação está no centro do ciclo de inteligência, uma vez que tenta explicar "o que está acontecendo aqui" em termos significativos para a organização. A interpretação é difícil porque ela precisa equilibrar conservadorismo (interpretação de dados de acordo com crenças existentes) com empreendedorismo (interpretação de dados para exploração de novas alternativas). A interpretação leva à compreensão e à percepção criativa por meio das quais se antecipam e se avaliam consequências e oportunidades futuras de acordo com as preferências. Em última análise, a interpretação é a criação de significado – significado sobre onde a organização estava no passado, onde está hoje e onde pretende estar no futuro. Nas organizações, a descoberta do sentido é um processo social, que requer pessoas socializando e trocando informações.

Finalmente, o COMPORTAMENTO ADAPTATIVO inicia um novo ciclo de aprendizagem na medida em que a organização toma decisões e realiza ações que geram efeitos e resultados. Estes retroalimentam (*feedback*) o ciclo, modificando as estratégias de percepção (ajustando critérios de seleção e modelagem) e modificando estruturas e regras na memória (mudando crenças existentes, adicionando novas regras). Enquanto um modelo informacional de aprendizagem (Figura 1.1) pode não destacar as dimensões sociais e culturais da aprendizagem organizacional, é imperativo reconhecer que o processo informacional de aprendizagem necessita ser sustentado e nutrido por uma cultura organizacional que o apoie. Essa cultura promoveria o acúmulo e o compartilhamento do conhecimento, uma abordagem de espírito aberto para lidar com o desconhecido e com o que não é favorável e uma atitude determinada para experimentar e inovar. Os funcionários são estimulados a refletir sobre suas experiências de trabalho, compartilhar o que aprenderam e desenvolver novas habilidades que expandam as suas capacidades. A partilha de informação é facilitada pela redução de barreiras estruturais que isolam grupos e impedem o fluxo de informação. A equipe circula de forma que seus membros possam transferir seu conhecimento e ampliar suas perspectivas. Atividades especiais, tais como revisões estratégicas, *benchmarking* e visitas de estudo, são iniciadas para criar oportunidades de aprendizagem[14]. De tempos em tempos, a organização necessita reexaminar suas premissas e normas básicas[15]. Os peritos e os consultores podem ajudar a trazer à tona modelos mentais da organização, que podem ser, então, criticamente analisados. A tecnologia da informação pode ser usada para aumentar a escala e o ritmo da aprendizagem.

Janelas do conhecimento

Uma questão central na aprendizagem organizacional seria "O que sabemos?" em relação a "O que deveríamos saber?". Essa pergunta é mais difícil de responder do que parece e, para abordá-la adequadamente, podemos estruturar nosso pensamento utilizando a Janela de Johari, um modelo originalmente desenvolvido para capturar as dinâmicas da interação e da comunicação humana[16]*.

O processo de interação humana é descrito por quatro painéis de uma janela: painel aberto, painel oculto, painel cego e painel desconhecido (Quadro 1.1). Cada painel descreve um tipo diferente de consciência pessoal ou de autoconhecimento. O PAINEL ABERTO é aquela parte da minha autoconsciência – minhas atitudes, comportamentos, valores, modo de vida – da qual eu estou consciente e que é conhecida por outros. É constituída por informações que tanto eu sei sobre mim quanto o outro sabe sobre mim. O PAINEL CEGO é a parte do meu "eu" que eu não conheço, mas que os outros podem ver com maior clareza. Por exemplo, em uma conversa, o interlocutor pode notar que eu evito contato visual, mas eu não estou consciente disso. O PAINEL OCULTO é composto por aqueles aspectos que eu sei sobre mim e que o outro não sabe, a não ser que eu escolha divulgar as informações para essa pessoa. O PAINEL DESCONHECIDO representa coisas que nem eu nem o outro sabemos sobre mim. Por exemplo, ao discutir um sonho que tive, uma nova consciência emerge desconhecida para mim e para o outro quando começamos a conversar.

A Janela de Johari é um modelo dinâmico em que cada painel pode se expandir ou se contrair, sendo que as interações se movem de um painel para outro dependendo do nível de confiança e do tipo de *feedback* trocado entre as pessoas envolvidas. Por exemplo, o painel aberto pode ser expandido por meio de um processo de autorrevelação que retira informação do painel oculto ou o painel cego pode se reduzir por meio da escuta ativa que busca obter *feedback* (conhecer a opinião) do ouvinte. Uma implicação do modelo é que a divulgação e o *feedback* permitem que nosso painel aberto se expanda e com isso que ganhemos acesso ao nosso potencial interno representado pelo painel desconhecido.

* *O modelo recebeu o nome de seus inventores, um acrônimo representado pelas primeiras letras do nome de cada um – Joseph Luft e Harry Ingham. Foi apresentado, num primeiro momento, em uma sessão expositiva no Western Training Laboratory da University of California, em 1955.*

Quadro 1.1 – Janela de Johari

O que você e eu sabemos sobre mim	**O que eu sei sobre mim, mas você não sabe**
Aberto/Eu público	Oculto/Eu privado
O que você sabe sobre mim, mas eu não sei	**O que nem eu nem você sabemos sobre mim**
Eu cego	Eu desconhecido

A Janela de Johari pode ser aplicada para descrever a situação dos conhecimentos de uma organização sobre o que ela sabe. Quatro quadrantes podem ser distinguidos, dependendo de qual afirmação é verdadeira para a organização:

i. Sabemos o que sabemos;
ii. Sabemos o que não sabemos;
iii. Não sabemos o que sabemos;
iv. Não sabemos o que não sabemos.

O esquema pode ser utilizado para comparar a gestão da informação e as estratégias de aprendizagem que podem ser úteis para as organizações em cada um desses quadrantes (Quadros 1.2 e 1.3).

Quadro 1.2 – Janelas do saber

Sabemos o que sabemos	Sabemos o que não sabemos
» Organizações maduras em ambientes estáveis; » Informação organizada e acessível; » Conhecimento codificado e compartilhável.	» Organizações movimentando-se para novos ambientes; » Necessidades de informação claras e bem definidas; » Novo conhecimento a ser criado e aprendido.
Não sabemos o que sabemos	**Não sabemos o que não sabemos**
» Organizações maduras em ambientes dinâmicos; » Informação oculta e difusa; » Conhecimento tácito e sub-registrado.	» Organizações ajustadas em seus caminhos e crenças; » Informação sujeita a visões limitadas; » Existência de lacunas de conhecimento, não reconhecidas pela organização.

Quadro 1.3 – Janelas de aprendizagem

Sabemos o que sabemos	Sabemos o que não sabemos
» Oferece acesso à informação; » Facilita a partilha de conhecimento; » Intranets, portais, taxonomias.	» Busca direcionada por informações; » Promoção de criação de conhecimento; » Inteligência competitiva, treinamento e desenvolvimento.
Não sabemos o que sabemos	**Não sabemos o que não sabemos**
» Auditoria de informações; » Mapeamento do conhecimento; » Comunidades de prática, diretórios de especialidades.	» Varredura do ambiente; » Descoberta de conhecimento; » Planejamento de cenários, pesquisas de futuro, diálogo.

Sabemos o que sabemos

Neste quadrante, a organização está ciente do conhecimento que possui. Essa condição pode ser mais típica de organizações maduras que têm operado por algum tempo em ambientes relativamente estáveis. Uma grande parte dos dados, das informações e dos conhecimentos utilizados e de propriedade da organização é estruturada e categorizada. Termos e conceitos não são ambíguos porque há um consenso geral sobre o que significam e como a informação pode ser criada ou coletada para compreendê-los ou mensurá-los. Um importante elemento da estratégia de gestão da informação e do conhecimento da organização seria, então, codificar o conhecimento que ela possui e prover acesso à informação. Pode-se considerar igualmente a organização intencional da informação e do conhecimento, utilizando-se, por exemplo, taxonomias e esquemas de classificação.

Sabemos o que não sabemos

Neste quadrante, a organização está consciente do conhecimento de que necessita para alcançar suas metas e objetivos. Por exemplo, as organizações que estão perseguindo novas iniciativas, como a entrada em novos mercados ou o desenvolvimento de novos serviços, estariam plenamente conscientes das incertezas a enfrentar e da informação necessária para assegurar o sucesso. Uma vez que essas iniciativas são resultado de um processo de planejamento, as necessidades da informação são geralmente claras e bem definidas, de modo que aspectos como nomes dos concorrentes, produtos, tecnologias ou normas podem ser especificados. Um importante elemento da estratégia de informação da organização seria, então, centrar-se na inteligência competitiva e em pesquisas de mercado. Lacunas de conhecimento podem também existir quando uma especialidade ou competência exigida para o desenvolvimento de um produto ou tecnologia não esteja disponível dentro da organização. Criar essa nova capacidade internamente (ou adquiri-la externamente) torna-se parte da estratégia de conhecimento que as organizações perseguem por meio de programas de treinamento e desenvolvimento, aquisição de tecnologia ou parcerias.

Não sabemos o que sabemos

Neste quadrante, a organização não está totalmente ciente do conhecimento que possui. Num ambiente crescentemente volátil, este é um desafio crucial para muitas organizações com alguma história, especialmente aquelas mais maduras, com processos de gestão de conhecimento já estabelecidos. Citamos, por exemplo, a declaração da gestão executiva da Hewlett-Packard de que, se a HP soubesse o que sabe, ela seria três vezes mais lucrativa. Uma organização acumula uma riqueza de *expertise* e experiência ao longo do tempo. Infelizmente, o acesso e a aplicação desse conhecimento são difíceis por pelo menos duas razões. Em primeiro lugar, uma grande parte da experiência adquirida está nas mentes dos empregados e é difícil de ser comunicada. Em segundo lugar, o conhecimento criado num dado contexto pode não ser facilmente aplicado em outra situação. As organizações querem poder contar com suas reservas de conhecimento para avançar mais rapidamente, evitar a reinvenção da roda e aprender com os erros do passado. Estratégias de gestão da informação mais abrangentes podem ser exigidas, como, por exemplo, uma que reconheça o papel das pessoas na transferência e tradução do conhecimento e que trate a informação não estruturada (correio eletrônico e postagens *wiki*) como vestígios úteis de trabalhos de conhecimento sendo realizados. Uma forma ampliada de verificação das informações que inclua fontes e práticas formais e informais poderia ser um primeiro passo lógico. A abordagem da gestão do conhecimento poderia incluir a criação de comunidades de prática e oportunidades de interação e compartilhamento social, diretórios *on-line* de *expertise*, sistemas de buscas especializada e espaços colaborativos baseados na *web*.

Não sabemos o que não sabemos

Neste quadrante, a organização não está ciente do que ela não sabe, mesmo quando o desconhecido pode ter um impacto significativo sobre o desempenho da organização. É cada vez mais possível que aquilo que uma organização não sabe possa trazer uma séria ameaça (ou uma oportunidade única). O perigo de não estar totalmente atento (ou perdendo uma oportunidade) aparece claramente à medida que mais e mais organizações operam em ambientes nos quais relações, limites e interações são constantemente redefinidos. Curiosamente, as organizações que têm investido substancialmente em inteligência competitiva e pesquisas de mercado podem ainda estar sujeitas a esse perigo. Como Christensen[17] alertou, estar altamente centrado no acompanhamento de concorrentes ou atento aos clientes atuais pode, de fato, resultar na incapacidade de reconhecer o surgimento de novos concorrentes, clientes e tecnologias. Uma estratégia mais eficaz para uma organização poderia ser expandir sua visão periférica, promover descobertas casuais e permitir que sinais fracos possam ser precocemente detectados. Ao mesmo tempo, pode ser necessário um modelo mais profundo e criterioso de compartilhamento de conhecimento e descobertas. Empregados poderiam ser encorajados a agir de acordo com sua intuição e testar suas premissas a fim de gerar novas possibilidades. Metodologias de aprendizagem que poderiam ser úteis nesse sentido são, por exemplo, o planejamento de cenários[18] e o diálogo (um processo de pensamento em grupo, em oposição a cada membro da organização pensando de forma isolada)*.

Considerações finais

Neste capítulo, adotamos a perspectiva de que organizações são sistemas abertos, crescendo em ambientes em rápida mudança que, por sua vez, apresentam tanto ameaças como oportunidades. Sugerimos que uma organização inteligente é uma organização que aprende e que é hábil em criar, compartilhar e sistematizar conhecimento, bem como em modificar seu comportamento de forma a refletir novos conhecimentos e percepções. Apresentamos um referencial

* *Ver Isaacs*[19].

que distingue entre quatro cenários comuns à aprendizagem organizacional e para cada cenário discutimos estratégias de gestão do conhecimento e da informação que poderiam ser úteis.

Uma temática central do capítulo é que a aprendizagem individual e a aprendizagem organizacional são uma via de mão dupla: uma depende da outra. A aprendizagem nos níveis individual e grupal possibilita que a organização aja efetivamente em um ambiente dinâmico. Ao mesmo tempo, o que a organização aprendeu e codificou precisa tornar-se acessível e relevante para todos os seus membros, de forma que eles possam aproveitar esse conhecimento. Muito mais pesquisas são necessárias para que possamos entender melhor como essa relação simbiótica entre a aprendizagem individual e a organizacional pode ser fortalecida.

Questões para reflexão

1. Em que sentido se pode dizer que uma organização é "inteligente"?
2. Como a aprendizagem individual se conecta com a aprendizagem organizacional?
3. Quais são os principais processos de informação na aprendizagem organizacional?
4. O que a Hewlett-Packard quis dizer quando declarou que, se a HP soubesse o que sabe, ela seria três vezes mais lucrativa?
5. Por que é perigoso uma organização não saber aquilo que não sabe? Como pode uma organização superar essa "cegueira"?

Sugestões de pesquisas futuras

Assim como a cultura organizacional, a estrutura organizacional e os processos organizacionais podem guiar o uso do conhecimento, também podem impedir a criação e a aceitação de novos conhecimentos. Mais pesquisas são necessárias para a análise dessa tensão clássica entre a necessidade de aplicação do conhecimento existente (*exploitation*) e a necessidade de criação de novo conhecimento (*exploration*). Como observado neste capítulo, também precisamos de mais pesquisa sobre modelos conceituais que nos ajudem a compreender a conexão entre a aprendizagem individual e a aprendizagem organizacional.

Referências

1. WILENSKY, H. L. **Organizational intelligence**: knowledge and policy in government and industry. New York: Basic Books, 1967.
2. MARCH, J. G.; OLSEN, J. P. Organizational learning and the ambiguity of the past. In:_____(Ed.). **Ambiguity and choice in organizations**. Oslo: Universitetsforlaget, 1979. p. 54-68.
3. HAECKEL, S. H.; NOLAN, R. L. Managing by wire. **Harvard Business Review**, v. 71, n. 5, p. 122-133, 1993.
4. GARVIN, D. A. Building a learning organization. **Harvard Business Review**, v. 71, n. 4, p. 78-92, 1993.
5. HEDBERG, B. How organizations learn and unlearn. In: NYSTROM, P. C.; STARBUCK, W. H. (Ed.). **Handbook of organizational design**: adapting organizations to their environments. New York: Oxford University Press, 1981. v. 1. p. 3-27.
6. HAMEL, G.; PRAHALAD, C. K. **Competing for the future**. Boston, MA: Harvard Business School Press, 1994.
7. GLYNN, M. A. Innovative genius: a framework for relating individual and organizational intelligences to innovation. **Academy of Management Review**, v. 21, n. 4, p. 1081-1111, 1996.
8. AKGUN, A. E.; BYRNE, J.; KESKIN, H. Organizational intelligence: a structuration view. **Journal of Organizational Change Management**, v. 20, n. 3, p. 272-289, 2007.
9. GIDDENS, A. **The constitution of society**: outline of the theory of structuration. Oxford, UK: Polity Press, 1984.

10. Crossan, M.; Lane, H. W.; White, R. E. An organizational learning framework: from intuition to institution. **Academy of Management Review**, v. 24, n. 3, p. 522-537, 1999.

11. Marsick, V. J.; Watkins, K. E. Adult educators and the challenge of the learning organization. **Adult Learning**, v. 7, n. 4, p. 18-20, 1996.

12. Casey, A. Enhancing individual and organizational learning: a sociological model. **Management Learning**, v. 36, n. 2, p. 131-147, 2005.

13. Choo, C. W. **Information management for the intelligent organization**: the art of scanning the environment. 2. ed. Medford, NJ: Information Today, Inc, 1998.

14. Garvin, D. A. Building a learning organization. **Harvard Business Review**, v. 71, n. 4, p. 78-92, 1993.

15. Argyris, C. **On organizational learning**. Oxford: Blackwell, 1992.

16. Luft, J.; Ingham, H. **The Johari window**: a graphic model for interpersonal relations. California: University of California Western Training Lab, 1955.

17. Christensen, C. M. **The innovator's dilemma**: when new technologies cause great firms to fail. Boston, MA: Harvard Business School Press, 1997.

18. Schoemaker, P. J. H. Scenario planning: a tool for strategic thinking. **Sloan Management Review**, v. 36, n. 2, p. 25-40, 1995.

19. Isaacs, W. **Dialogue and the art of thinking together**: a pioneering approach to communicating in business and in life. New York: Doubleday, 1999.

Luc Marie Quoniam
Miguel Rombert Trigo

Capítulo 2
Inteligência competitiva, a *web* 2.0 e o aprendizado em organizações

Luc Marie Quoniam

Doutor em Ciência da Informação e da Comunicação pela Université Aix-Marseille II, França (1988), na qual obteve também a livre-docência (1996); mestre e graduado em Oceanografia (Océanologie) pela Université Aix-Marseille II (1984; 1985) e graduado em Química Analítica e Proteção do Meio Ambiente (Chimie Analytique et Protection de l'Environnement) pela Université Aix-Marseille III (1981). Foi professor visitante (2005-2007) na Universidade de São Paulo – USP, da qual é colaborador desde 2002. É professor titular da Université du Sud Toulon-Var e professor visitante da Universidade Fernando Pessoa – UFP, Portugal (desde 2007). Tem vasta experiência na área de inteligência competitiva, tendo orientado mais de 30 teses de doutoramento. No Brasil, foi adido de ciência e tecnologia do Ministério das Relações Exteriores da França, exercendo o cargo de diretor do Centro Franco-Brasileiro de Documentação Técnica e Científica (2000-2004).

Miguel Rombert Trigo

Doutor em Ciências da Informação e da Comunicação pela Université du Sud Toulon-Var (2007). Atualmente desenvolve a sua atividade profissional na Universidade Fernando Pessoa – UFP, Portugal, na qual exerce as funções de diretor da UFP Corporate Education e diretor do ProjEst-Q – Projectos de Gestão Estratégica e Qualidade, em que desenvolve pesquisa aplicada nas áreas de inteligência competitiva e inovação estratégica. Ainda na UFP é coordenador do mestrado em Inteligência Competitiva e do MBA Empresas Familiares e professor de Inteligência Competitiva e Estratégia. É membro pesquisador do Laboratório para Você – Lab4u, que tem entre os seus objetivos desenvolver novos conceitos de informação e comunicação; membro das Direções Executivas das Universidades Corporativas do Conselho Empresarial dos Vales do Lima e Minho – Ceval; membro da Cooperativa dos Proprietários de Farmácia – Cooprofar, localizada na cidade do Porto; membro do Observatório de Estudos Estratégicos da União para o Mediterrâneo e, ainda, da Comunidade Portuguesa de Inteligência Competitiva.

Resumo

O ritmo de evolução das tecnologias de informaçâo e de comunicação continua avançando numa velocidade que ultrapassa a capacidade de aprendizagem dos agentes da inovação, da pesquisa e do desenvolvimento nas organizações. A partir do quinquênio 2000-2005, em particular, surgiram novos conceitos, como a *web* 2.0. Nessa vertente, a *web* não é vista somente como ferramenta de compartilhamento de informação, mas como ferramenta colaborativa de conhecimento que envolve vários atores, cada um contribuindo na sua área de interesse e competência. Nesse modelo de comunicação de vários para vários, a integração plena de todas as partes da nova *web* 2.0 permite o reconhecimento e o estabelecimento de comunicação com os micromercados globalizados. Essas novas práticas irão alterar também os comportamentos individuais e organizacionais, originando os conceitos de educação 2.0, empresas 2.0 e gestão 2.0. A inteligência competitiva 2.0, por sua vez, deverá adaptar-se a essas novas práticas com o objetivo de levar ao tomador de decisão as informações necessárias para que ele se mantenha competitivo. Entendida como um sistema de informação, a inteligência desempenha o papel de um *intelligence service*. Para conduzir essa atividade de um modo competitivo e eficaz, o aprendizado deverá incluir um forte componente de AUTOAPRENDIZADO, considerando-se que a defasagem entre a aprendizagem clássica e as necessidades organizacionais é ampliada em face da velocidade com que evoluem ferramentas, conceitos e necessidades organizacionais. No nível da organização, o aprendizado deve ser cada vez mais sustentado na preocupação de promover o aumento do grau de conhecimentos de cada colaborador, fomentando curiosidade e atitudes, bem como propiciando um ambiente e metodologias de trabalho adequados à autoaprendizagem.

Evolução das tecnologias ou evolução da sociedade?

A evolução da tecnologia ligada aos semicondutores é descrita em termos técnicos pela Lei de Moore, que, simplificadamente, explica que a capacidade dos semicondutores dobra a cada dois anos*. Paralelamente, a Lei de Machrone expõe que o valor de determinado equipamento (nesse caso o computador) nunca ultrapassará o preço determinado pelo seu usuário**. A consideração dessas duas leis em conjunto leva à reflexão de que a capacidade dos equipamentos à disposição do público será cada vez maior, enquanto o seu custo será, tendencialmente, cada vez menor, democratizando a sua utilização a patamares nunca antes imaginados. No presente capítulo, tentamos

* *A polêmica está em saber se essa lei vai acabar com as nanotecnologias ou perdurar no tempo.*

** *Está provado que essa lei é falsa, uma vez que os preços dos equipamentos estão baixando.*

demonstrar que, ao contrário do que se poderia esperar, vai aumentar o *gap* entre aqueles que usam e aprendem a usar o computador e os demais, sem acesso a essa tecnologia.

A primeira fase dessas tecnologias trouxe consigo novidades que, na expectativa de todos, iriam mudar definitivamente a forma de trabalhar, estudar, divertir-se, entre outros eventos (ainda que não se soubesse exatamente como). Foi o caso das interfaces gráficas e da navegação hipertextual. No início da internet, a percepção quanto às inovações era a de que estas ocorriam com tanta velocidade que a relação com a "idade do cachorro"* foi amplamente visualizada, ou seja, na internet tudo se passava tão rapidamente que um ano civil correspondia a sete anos na internet. Essa realidade é hoje ainda mais complexa, uma vez que de uma velocidade inicial, em que um ano valia por sete, passou-se para níveis de rapidez em que um ano na internet corresponde atualmente a 10, 15 e, até mesmo, 20 anos civis para algumas inovações.

Essa evolução é perceptível sob vários aspectos, sendo talvez o mais simples a quantidade de informação produzida anualmente na *web*. Existem várias estimativas da produção anual de informação, sendo que todas mostram números surpreendentes – na ordem de grandeza de vários *exabytes*** – de nova informação que todos os anos são colocados na *web*, representando uma taxa de crescimento acima dos 20% anuais. Isso significa que, mesmo considerando a divisão em áreas do conhecimento, a quantidade de informação nova disponível em cada segmento ultrapassa a capacidade de absorção pelo cérebro humano.

De fato, considerando que o volume de informação contida num livro de formato tradicional de 500 páginas representa um *megabyte**** de informação, podemos facilmente medir a diferença que existe entre

* *Referência à contagem aproximada da idade dos cachorros em relação à dos seres humanos.*

** *Um* exabyte *corresponde a* 10^{18} bytes.

*** *Um* megabyte *corresponde a* 10^{6} bytes.

a informação que se encontra disponível e aquela que é absorvível pelo cérebro humano! Essa abordagem puramente quantitativa é, contudo, amplificada quando olhamos para as possibilidades que as novas tecnologias oferecem.

As mudanças na sociedade ocasionadas pelas tecnologias de informação e comunicação podem ser vigorosamente observadas na substituição de mais e mais tarefas humanas repetitivas por processos automatizados. Ainda mais importante, todavia, têm sido as novas tarefas que, até há bem pouco tempo, não se podia imaginar automatizadas e que atualmente são realizadas cotidianamente. Listar exaustivamente todas as novas funcionalidades é impossível, mas, além das aplicações iniciais, o cenário da competitividade e dos negócios foi completamente alterado, passando a ser globalizado no espaço e no tempo. A aprendizagem dessas novas possibilidades e desses novos modelos de funcionamento da sociedade é complexa, pois ultrapassa a capacidade de atualização de professores e profissionais. Como consequência dessa realidade, surge o conceito 2.0.

A *web* 2.0

O termo, usado pela primeira vez pela pesquisadora Darcy DiNucci[1], é uma expressão que se refere à segunda geração de desenvolvimento e *design* da *web*. O'Reilly[2] introduziu a ideia de mudanças cumulativas de desenvolvimento na *web* e as maneiras como os usuários finais a usam. Listar os aplicativos que são ou não 2.0 parece não fazer sentido. O importante é descrever as características gerais da *web* 2.0.

Conteúdos gerados pelos usuários ou por especialistas

O modelo tradicional de publicação de informação foi reproduzido integralmente no início da *web*, isto é, o conteúdo disponibilizado era tão somente da responsabilidade de alguns especialistas. As facilidades técnicas, no entanto, desde o início possibilitaram que qualquer pessoa pudesse publicar os seus próprios conteúdos, situação que permitiu que, em junho 2009, existissem quase 240 milhões de *websites* com conteúdos gerados pelos próprios usuários. Esses números impressionantes não podem ser desprezados.

De um meio de comunicação a mais para o mais importante

No seu surgimento, a internet era considerada apenas mais um meio de comunicação a se somar aos já existentes (rádio, televisão, telefone etc.), mas, com a convergência das mídias, ela se transformou no mais importante veículo de comunicação, situação que se afirma paulatinamente com o desenvolvimento de novos aplicativos que facilitam a convergência de informações e pessoas.

Aplicativos para colaborar

O surgimento de metodologias e ferramentas de *groupware* nos anos 1990 marca o ponto de partida de aplicativos cada vez mais voltados para o uso colaborativo, ajudando e incentivando as pessoas a trabalharem em conjunto.

Em 17 de novembro de 2008, Robin Good[3] conseguiu mobilizar uma centena de pessoas, num único evento, com o objetivo de realizar o levantamento de ferramentas colaborativas disponíveis gratuitamente na *web*. Foram identificadas cerca de 150! Desde então, o levantamento é permanentemente atualizado, sendo as categorias monitoradas as seguintes: *VoIP (Instant Messaging Tools; Video Conferencing; Screen-Sharing); Remote-Control; Web Conferencing; Co-Browsing; Web Presenting; Work Grouping; File Sharing; Document Sharing and Wikis; Collaborative Document Reviewing; Collaborative Event Scheduling; Mind-Mapping; Project Management.*

É importante esclarecer que a colaboração entre pessoas não se limita ao uso de *software* em pequena escala. Para comprovar essa afirmação, basta analisar a enciclopédia *Wikipedia*, disponível gratuitamente em 262 línguas e coeditada por milhares de usuários.

É possível argumentar contra a sua utilização, mas esse aplicativo *web* 2.0, a partir de uma visão de coelaboração de conteúdos, permite o acesso a uma quantidade de conhecimento de forma gratuita para todos, como nunca foi possível antes.

Reusabilidade da informação

É comum ouvir de alguns professores como é fácil fazer "corte e cola" (*copy and paste*) de informações e, ato contínuo, queixam-se do uso abusivo da funcionalidade por parte dos alunos. No entanto, ninguém reclama quando um *site* inclui informação de outros *sites*, bem como mapas ou informação meteorológica, sendo que o processo de inclusão de informação proveniente de outros *sites* é cada vez mais simples, graças ao uso de *widgets*.

Neste último caso, dificilmente se encontram críticas ao benefício perceptível de repassar informação valiosa diretamente da fonte sem intermediação, ainda que seja uma citação, no sentido mais nobre da palavra. Para exemplificar, existem aplicativos cada vez mais potentes, como é o caso do Zotero[4], o qual permite obter referências bibliográficas de um modo 100% automatizado de inúmeras fontes de informação e reutilizá-las para elaborar um texto.

A evolução continua

Começa a ganhar adeptos, de forma crescente, a previsão de que, após a *web* 2.0, vamos acompanhar o aparecimento da *web* 3.0 e da *web* 4.0, tal como representado na figura a seguir.

Figura 2.1 – Evolução da *web*

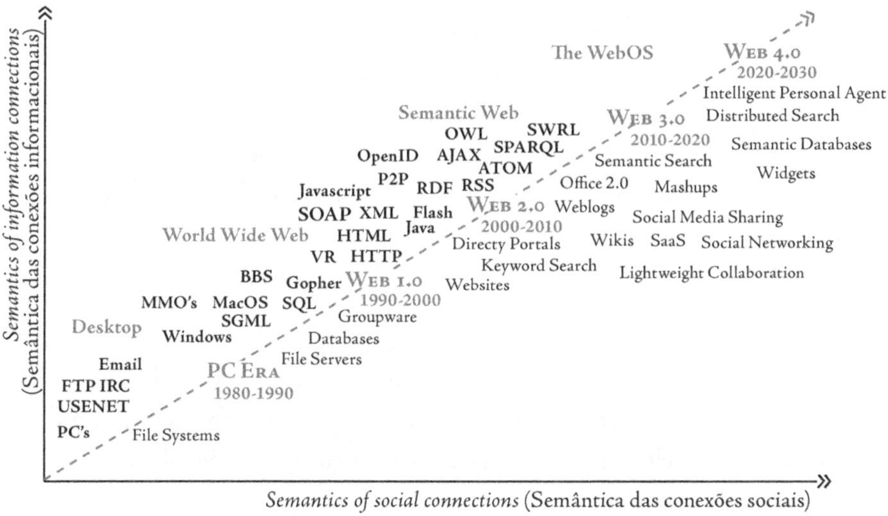

Fonte: Adaptado de Spivack[5].

São esses os cenários para um futuro desconhecido, mas podemos afirmar que novos aplicativos vão aparecer e criar progressivamente novas possibilidades. Bons exemplos são as traduções automatizadas oferecidas que permitem o entendimento de *sites* ou de resultados de buscas em mais de 20 línguas diferentes, ou ainda, o *site* da Propriedade Intelectual de Singapura, que oferece a tradução automatizada, em tempo real, de todas as patentes de línguas asiáticas. Mesmo que a qualidade das traduções possa ser questionada, é mais importante e oportuno imaginar as novas práticas que serão possíveis enquanto os algoritmos de tradução automatizada estão sendo melhorados.

Modelos de comunicação

Até o advento da *web* e até o final da *web* 1.0, a comunicação era baseada no modelo de um para vários, no sentido de que um "sábio" (emissor) se expressava a vários (receptores).

Com o surgimento dos aplicativos mencionados, dois fenômenos aconteceram simultaneamente. O primeiro trata da possibilidade de o conhecimento do emissor, cada vez mais, poder ser facilmente questionado. O segundo trata do fato de que todos podem se comunicar.

Chegamos a um modelo de comunicação em que o emissor é mais um animador do que um "sábio", em uma época em que o modelo de organograma das empresas não permite mais um "regente de orquestra", mas, sim, um agente facilitador e colaborativo.

Globalização e implicações sociais

Os modelos sócio-político-econômicos ocidentais estimularam o desenvolvimento liberal. No entanto, é fundamental introduzir nesse modelo alguns elementos considerados essenciais ao desenvolvimento das sociedades humanas.

Touraine[6;7] fala de liberdade, de projeto de vida, de respeito aos direitos fundamentais, fatores que não podem ser reduzidos a ganhos materiais no discurso moral da sociedade. Qualquer que seja sua espécie, os movimentos sociais contêm em si uma aspiração democrática. Procuram dar a palavra aos que não têm e fazê-los participantes na formação das decisões, condição amplificada enormemente pela democracia oriunda das tecnologias de informação e comunicação.

Responsabilidade social

Ainda que numa fase inicial significasse pouco mais do que uma ferramenta de *marketing* empresarial, útil para a boa imagem ou até para o enriquecimento das empresas, a cada dia a responsabilidade social firma-se entre os componentes indispensáveis para o desenvolvimento de uma empresa, organização, instituição ou civilização. É, comprovadamente, um dos meios de somar esforços na busca do equilíbrio social, elemento indispensável ao desenvolvimento.

Desenvolvimento sustentável

A situação é a mesma da responsabilidade social, só que, nesse caso, as preocupações são relativas ao esgotamento dos recursos naturais (tanto no nível da intensidade de uso quanto no nível de comprometimento das condições ambientais). A ideia central é que todos precisam cuidar do planeta para que não reste um triste deserto infértil para as futuras gerações.

O conceito 2.0

Como é construído o conceito 2.0? Neste trabalho, considera-se que o conceito 2.0 repousa em três grupos de ocorrências. O primeiro grupo refere-se à construção e à gestão de uma nova arquitetura para a *web*; o segundo grupo trata da possibilidade de se construir o conhecimento de forma coletiva (ambiente de beta perpétuo); e o terceiro grupo enfrenta um novo tipo de mercado global, conhecido como *global long tail micromarket* (micromercado global de cauda longa).

No caso da nova arquitetura 2.0, temos de incluir, necessariamente, quatro tipos diferentes, a saber: arquitetura de participação, de gestão coletiva do trabalho, de aplicativos da internet e de arquitetura social.

O termo *arquitetura de participação* refere-se à gestão coletiva do trabalho, podendo atuar como sistema de compartilhamento de conhecimento entre os participantes. Pode-se afirmar que esse tipo de arquitetura se fundamenta na participação dos usuários, já não como meros consumidores, mas como colaboradores comprometidos com uma ética de cooperação. Aí está um dos principais elementos do conceito 2.0: os próprios usuários passam a adicionar valor.

Da arquitetura de participação dependem os recursos de interconexão e compartilhamento de dados. As redes para trocas de arquivos digitais, direcionadas para a arquitetura de aplicação 2.0, constituem uma nova geração de tecnologias e de padrões com menos ênfase no *software* e mais no serviço sediado na *web*. Nas palavras de O'Reilly[2], há uma mudança para a internet como plataforma e um entendimento de regras visando obter sucesso nessa nova plataforma. A regra mais importante agora é desenvolver aplicativos que aproveitem os efeitos da rede para se tornarem melhores, à medida que forem sendo usados pelas pessoas, aproveitando a inteligência coletiva. Quanto ao último tipo de arquitetura referido, ele reflete a preocupação social, desenvolvida anteriormente nos itens relacionados à responsabilidade social e ao desenvolvimento sustentável.

Em termos de funcionamento, o conjunto adota o modelo denominado *beta perpétuo* (segundo grupo de ocorrências), isto é, aquele em permanente desenvolvimento, de forma a acompanhar as mudanças que vão acontecendo à sua volta. A gestão, o melhoramento e a evolução registram tempos de intervenção muito curtos e próximos entre si. O monitoramento constante permite o seu aperfeiçoamento continuado com base nas respostas dos usuários à qualidade e ao desempenho do serviço, permitindo incorporar essas reações para a melhoria sucessiva dos resultados, de modo que ele nunca atinja o estágio acabado, mas esteja em permanente evolução.

E qual o objetivo de se buscar uma melhoria contínua? Por que o esforço se volta para uma postura de aprendizado, de valorização do conhecimento e de compartilhamento de informação e de atitudes sociais e ambientais responsáveis?

A resposta veio na consagração do termo *micromercado global de cauda longa – global long tail micromarket* (terceiro grupo). Com o fortalecimento do mundo virtual, o rompimento das barreiras físicas tornou possível a criação de modelos de negócios em que a oferta de produtos é praticamente ilimitada. Produtos economicamente inviáveis no modelo industrial encontram no meio digital seus consumidores. Por sua vez, os consumidores, que antes tinham acesso a um número reduzido de conteúdos, passaram a ter uma variedade quase que infinita de novas opções e passaram então a experimentar mais, consumir produtos que até então desconheciam. É essa variedade e essa nova experimentação que proporcionam as alterações no consumo tradicional*. O que antes era um mercado ignorado não só passa a ter valor, como vem crescendo a cada ano. Com efeito, o termo é utilizado na estatística para identificar distribuições de dados da curva de Pareto**, na qual o volume de dados é classificado de forma decrescente. Na economia, traduz-se na procura elevada por um conjunto pequeno de produtos seguido da procura muito reduzida por um conjunto elevado de produtos. Apostar na cauda longa se torna economicamente interessante, ao contrário do que acontecia na economia tradicional. A figura a seguir apresenta graficamente o *global long tail micromarket*.

Figura 2.2 – *Global long tail micromarket*

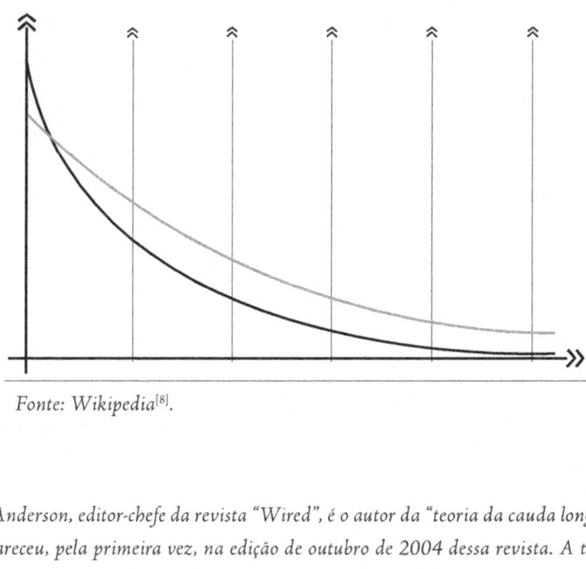

Fonte: Wikipedia[8].

* *Chris Anderson, editor-chefe da revista "Wired", é o autor da "teoria da cauda longa", expressão que apareceu, pela primeira vez, na edição de outubro de 2004 dessa revista. A teoria discorre sobre a transformação do mercado de massa, dominado por* hits, *para um mercado de inúmeros nichos de* micro-hits. *Disponível em: <http://ministrynetconference.com/wp-content/uploads/2009/10/The-Long-Tail.pdf>.*

** *O nome "teoria da cauda longa" refere-se à curva de Pareto 1/x, conhecida como cauda longa por sua forma. Essa curva representa a distribuição, ou as leis de forças, de vários fenômenos econômicos e em outros ramos da ciência, como a concentração aproximada de 80% da renda de uma nação em 20% de sua população.*

Além disso, todos os conteúdos abordados até o momento não encontram local de aplicação nos mercados tradicionais. Trata-se de conceitos e práticas apenas replicáveis em mercados de nichos específicos, mas com a particularidade de serem pensados em nível global. Em outras palavras, o *global long tail micromarket* é a forma como o conceito 2.0 ganha escala na globalização dos mercados de nicho. Vale destacar que o número potencial dos usuários do micromercado global disponível na internet representa de um a dois bilhões de pessoas[9;10]. A Figura 2.3 apresenta o modelo completo do conceito 2.0.

Figura 2.3 – Diagrama esquemático do conceito 2.0

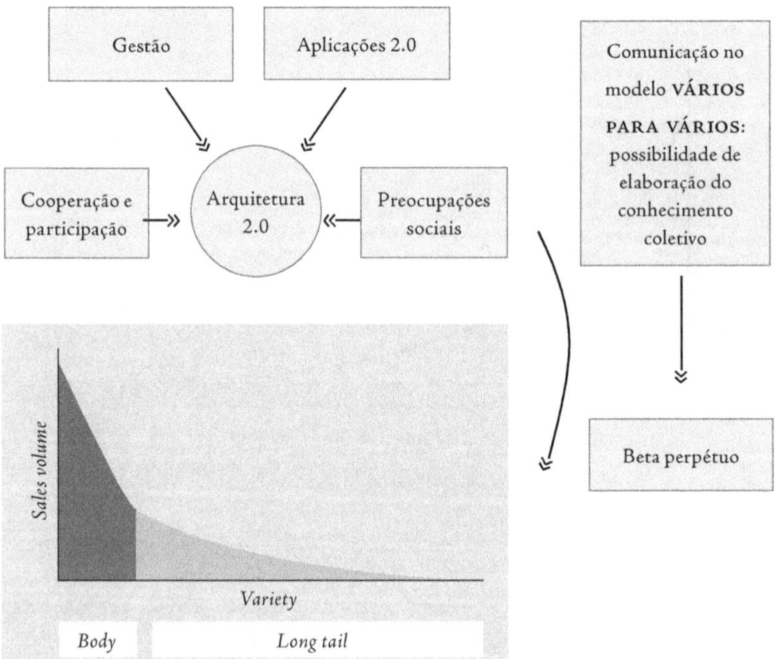

Em síntese, o conceito 2.0 inclui a presença de um ambiente de cooperação e participação, mantém-se alerta para as preocupações sociais e busca o padrão de gestão e aplicação 2.0. O resultado imediato dessas situações é o delineamento de um ambiente de beta perpétuo, no qual tudo está em constante melhoramento. Esse ambiente, com base nas respostas dos usuários à qualidade e ao desempenho dos serviços, permite incorporar reações para a melhoria sucessiva do produto, sugerindo que ele nunca atinja o estágio acabado, mas sempre aperfeiçoável. A última ocorrência é relacionada ao mercado-alvo e à necessidade de atingir os ambientes específicos em vez de pensar apenas em ambiente de massa, fenômeno também conhecido como *cauda longa* ou *global long tail micromarket*.

Cabe destacar que, pouco tempo após surgir o conceito da *web* 2.0, o uso da nomenclatura 2.0 começou a ser utilizada em situações bem diversas da aplicação original, tais como recursos humanos 2.0, gestão 2.0, empresa 2.0, educação 2.0, lei 2.0, saúde 2.0, relações públicas 2.0, governo 2.0, biblioteca 2.0, pensamento 2.0, trabalho 2.0, inovação 2.0 etc.

A inteligência competitiva 2.0

O pleno entendimento da *web* 2.0 sinalizou para o melhor aproveitamento da inteligência coletiva e para o potencial de compartilhamento e de criação conjunta do conhecimento. Juntas, essas disciplinas constituem os elementos basilares da inteligência competitiva (IC) e, associadas a conceitos emergentes do mundo corporativo, apontam para o que podemos chamar de *inteligência competitiva 2.0* (IC 2.0).

A IC não é um conceito assim tão recente, pois surgiu na década de 1970, bem antes do impacto verificado no uso das tecnologias da informação e da comunicação.

Basicamente, a IC se refere aos sistemas de informação destinados a ajudar os tomadores de decisão no difícil exercício da sua função. O tomador de decisão precisa ter à sua disposição um sistema capaz de lhe fornecer a informação certa, da forma certa, no momento certo, para a tomada de decisão mais acertada.

O profissional de IC 2.0 e a aprendizagem

Dificilmente nas instituições de ensino e de formação tradicionais se aprende a fazer uso das inovações tecnológicas de ponta. Isso acontece por várias razões, sendo a mais imediata o tempo de aprendizagem que o professor necessita antes de poder repassar o conhecimento para o aluno.

Além disso, nas instituições de ensino e de formação tradicional ainda impera o modelo de comunicação em que há um emissor e vários receptores, em que o professor desempenha o papel do "sábio" e o aluno, o de ouvinte passivo.

Para encontrar, nas instituições tradicionais, a competência e a organização necessárias a um ambiente de aprendizagem em sintonia com os tempos atuais, é preciso começar por identificar, cuidadosamente, as equipes que pesquisam esses assuntos. Somente robustas investigações nessas vertentes da sociedade da informação podem garantir a competência suficiente do corpo docente para a aplicação dessas mudanças organizacionais e, de igual modo, assegurar que o processo de ensino-aprendizagem adote os modelos andragógicos corretos.

No que se refere ao profissional de IC que pretende entrar no mundo da IC 2.0, não deve esperar pela formação tradicional. Do mesmo modo que os jovens mergulham sozinhos no uso das novas tecnologias, incluindo-se digitalmente, os profissionais de IC têm de organizar a sua própria agenda de autoaprendizagem. Igualmente, organizações e profissionais que vivem segundo o conceito 2.0 devem ter consciência da importância de viver em um ambiente beta perpétuo, aprendendo continuamente e renovando-se constantemente. Tal situação, por conseguinte, implica valorizar os seus próprios processos de educação ao longo da vida.

Com efeito, bastante energia será despendida para encontrar as melhores formas de conjugar e desenvolver os talentos necessários aos profissionais de IC*, bem como os cuidados necessários para que a

* *A curiosidade, a capacidade de colocar as questões corretas e a autoaprendizagem serão cada vez mais importantes do que a mera detenção do conhecimento.*

autoaprendizagem seja reconhecida (e verdadeiramente recompensada) na evolução da carreira do profissional de IC.

Considerações finais

A sociedade contemporânea está em permanente mudança devido ao desenvolvimento das tecnologias da informação e da comunicação. O presente capítulo refere-se, sobretudo, às consequentes mudanças organizacionais, derivadas das inovações compreendidas no período entre 2000 e 2005, que traz o novo conceito 2.0.

É razoável prever uma aceleração dos processos das mudanças que estão acontecendo tanto no nível das instituições como no individual. Nesse aspecto, é possível prever a existência de várias fases de adequação a essas mudanças. Enquanto uns irão acompanhá-las por acreditarem na sua mais-valia, outros irão permanecer convictos em manter tudo como era antes, correndo o risco de serem excluídos. De qualquer modo, é bom lembrar que o futuro não está escrito – somos nós que o construímos.

Questões para reflexão

1. Como aprender mais rápido do que um professor?
2. Como potencializar o conhecimento do seus parceiros para alcançar um objetivo comum?
3. Como potencializar o conhecimento de seus concorrentes em proveito da sua organização?
4. Um conhecimento disponível na *web* (visível ou invisível) é aproveitável para seu próprio conhecimento?
5. Sem acréscimo de conhecimento a inovação sustentável é possível?

Sugestões de pesquisas futuras

1. Levantamento de casos de sucesso de aplicação deste novo modelo (por exemplo, no Brasil, a Rede Telecentros de Informação e Negócios do Ministério do Desenvolvimento, Indústria e Comércio Exterior).
2. Realização de pesquisa aplicada para implementação deste novo modelo de inovação sustentável em ambiente do setor público ou do setor privado.

Referências

1. DiNucci, D. Fragmented future. **Print**, v. 53, n. 4, 1999.
2. O'Reilly, T. **What is web 2.0**: design patterns and business models for the next generation of software. 2005. Disponível em: <http://oreilly.com/web2/archive/what-is-web-20.html>. Acesso em: 4 jul. 2010.
3. Good, R. **Best online collaboration tools 2008**: the collaborative maps. Disponível em: <http://www.masternewmedia.org/best-online-collaboration-tools-2008-the-collaborative>. Acesso em: 11 ago. 2010.
4. Zotero. **Aplicativo**. Disponível em: <http://www.zotero.org>. Acesso em: 11 ago. 2010.
5. Spivack, H. **Web 3.0**: the best official definition imaginable. 2007. Disponível em: <http://novaspivack.typepad.com/nova_spivacks_weblog/2007/10/web-30----the-a.html>. Acesso em: 11 ago. 2010.
6. Touraine, A. **Société invisible**. Paris: Seuil, 1997.
7. Touraine, A. **Un désir d'histoire**. Paris: Stock, 1997.
8. Wikipedia. **Long tail**. Disponível em: <http://en.wikipedia.org/wiki/The_Long_Tail>. Acesso em: 11 ago. 2010.
9. Anderson, C. **A cauda longa**. 5. ed. Rio de Janeiro: Campus, 2006.
10. Anderson, C. **The long tail**: why the future of business is selling less of more. 2006. Disponível em: <http://books.google.com/books?id=O2k0K1w_bJIC&printsec=frontcover>. Acesso em: 11 ago. 2010.

Literatura consultada

Belgard, W.; Rayner, S. R. **Shaping the future**. New York: Amacom, 2004.

Drucker, P. F. **Innovation and entrepreneurship**. New York: Elsevier, 2007.

Duch, W.; Mandziuk, J. **Challenges for computational intelligence**. Springer: New York, 2007.

Dupin, P.; Quoniam, L. The right talents coordinating information systems to facilitate strategic decisions. In: Congresso Internacional de Gestão de Tecnologia e Sistemas de Informação, 4., 2007, São Paulo. **Anais...** São Paulo, 2007. v. 4. p. 1353-1382. Disponível em: <http://www.tecsi.fea.usp.br/eventos/contecsi2007/ing>. Acesso em: 11 ago. 2009.

Dupin, P.; Ribeiro, N.; Quoniam, L. The process of decision making as a balance of forces to organizations. In: Veille Stratégique, Scientifique & Technologique, 2007, Marrakech, Maroc. **Anais...** Marrakech, 2007. Disponível em: <http://atlas.irit.fr/COLLOQUES/vsstjeu.htm>. Acesso em: 11 ago. 2009.

Field, J. **Lifelong learning and the new educational order**. London: Trentham Books, 2006.

Hinchcliffe, D. **Web 2.0**: definition updated and enterprise 2.0 emerges. Disponível em: <http://blogs.zdnet.com/Hinchcliffe/?p=71>. Acesso em: 11 ago. 2009.

Kaku, M. **Visions**. Oxford: Oxford University Press, 1999.

Mauleon, F. **La communication extra financière comme nouvelle forme de l'éthique de l'entreprise**. 386 f. Thèse (Docteur en Sciences de l'Information et de la Communication) – Université du Sud Toulon-Var: Toulon, 2007.

Morin, E. Sur l'interdisciplinarité. **Bulletin Interactif du Centre International de Recherches et Études Transdisciplinaires**, n. 2, juin, 1994.

PALFREY, J.; GASSER, U. **Born digital**: understanding the first generation of digital natives. New York: Basic Books, 2008.

RICHARDSON, W. **Blogs, wikis, podcasts, and other powerful web tools for classrooms**. California: Corwin Press, 2006.

SUTTER, C. Prestations de veille et prestations de mise en place d'un système de veille. **AFNOR XP**, Avril, 1988.

SWANSON, R. A.; HOLTON, E. F. **Foundations of human resource development**. San Francisco: Berrett-Koehler Publishers, 2009.

SWINERS, J. L.; BRIET, J. M. **L'intelligence créative au-delà du brainstorming**. Paris: Maxima Laurent du Mesnil Éditeur, 2004.

WEB SERVER SURVEY ARCHIVES. **Netcraft**. Disponível em: <http://news.netcraft.com/archives/web_server_survey.html>. Acesso em: 15 jun. 2010.

WIKIPEDIA. **Competitive intelligence**. Disponível em: <http://en.wikipedia.org/wiki/Competitive_intelligence>. Acesso em: 15 jun. 2010.

______. **Globalisation**. Disponível em: <http://en.wikipedia.org/wiki/Glocalisation>. Acesso em: 15 jun. 2010.

______. **Web 2.0**. Disponível em: <http://en.wikipedia.org/wiki/Web_2.0>. Acesso em: 15 jun. 2010.

______. **Web widget**. Disponível em: <http://en.wikipedia.org/wiki/Web_widget>. Acesso em: 15 jun. 2010.

Eduardo Amadeu Dutra Moresi
Daniel Farias Lopes

Capítulo 3
Inteligência organizacional e aprendizado*

* *Este capítulo é baseado na dissertação de mestrado de Lopes*[1].

Eduardo Amadeu Dutra Moresi

Doutor em Ciência da Informação pela Universidade de Brasília – UnB (2001), mestre em Engenharia Elétrica pela mesma instituição (1994), graduado em Engenharia Eletrônica pelo Instituto Militar de Engenharia – IME (1989) e formado na Academia Militar das Agulhas Negras – Aman, Rio de Janeiro (1981). Desempenhou a função de adjunto da Seção de Comunicações, Informática e Guerra Eletrônica da Subchefia de Informação do Estado-Maior do Exército, onde atuou em projetos estratégicos nas áreas de comunicações militares, guerra eletrônica, inteligência militar e sensoriamento remoto. Atualmente, é professor com dedicação exclusiva da Universidade Católica de Brasília – UCB, onde desempenha a função de diretor dos Cursos de Ciência da Computação e de Sistemas de Informação, além de atuar como docente do Programa de Pós-Graduação stricto sensu em Gestão do Conhecimento e da Tecnologia da Informação.

Daniel Farias Lopes

Mestre em Gestão do Conhecimento e Tecnologia da Informação pela Universidade Católica de Brasília – UCB (2009), com foco em Inteligência Organizacional, especialista em Administração de Sistemas de Informação pela Universidade Federal de Lavras – Ufla, Minas Gerais (2007), e graduado em Tecnologia de Processamento de Dados pelo Instituto Científico de Ensino Superior e Pesquisa – Icesp, Brasília (2002). Liderou projetos regulatórios com o objetivo de atender metas de universalização da Agência Nacional de Telecomunicações – Anatel. Atuou também como professor de cursos de graduação em Segurança de Informação, Tecnologia de Redes e Sistemas da Informação da Unisaber, em Brasília, e do Icesp.

Resumo

O aumento da complexidade do ambiente externo remete a uma necessidade de atenção, tanto no nível individual quanto nos níveis coletivos de ações organizacionais. Como resposta a esses desafios, sugere-se a adoção da inteligência organizacional como fonte de vantagem competitiva não esgotável para corporações e instituições. Nesse sentido, a inteligência organizacional pode ser entendida como a capacidade de uma organização de adaptar-se, aprender, inovar, aumentar seu conhecimento e selecionar alternativas, em resposta a condições ambientais. O processo de inteligência organizacional é constituído dos seguintes componentes: memória organizacional; cognição organizacional; raciocínio organizacional; comunicação organizacional; aprendizado organizacional. Para cada um dos componentes foram mapeados e definidos os respectivos imperativos. Conclui-se que a inteligência organizacional se baseia no estudo de inúmeros fatores inter-relacionados, que envolvem aspectos corporativos, organizacionais e pessoais, sendo um dos mais importantes o aprendizado organizacional, pelo qual a organização aprende com seus erros, sucessos e sua própria história.

Introdução

A evolução tecnológica trouxe um novo cenário para as organizações: a velocidade das mudanças, a conectividade das pessoas e das empresas, a valorização dos ativos intangíveis nos processos organizacionais[2] e a influência da complexidade e da incerteza do ambiente externo para a sobrevivência das organizações[3]. Esses fatores influenciam no modo de interação das pessoas e na eficiência das organizações. O foco das organizações, dessa forma, volta-se para a capacitação em responder pronta e positivamente aos sinais emergentes do ambiente externo, contando, para tanto, com as competências de seus recursos humanos.

Todavia, pode-se afirmar que há uma complexidade intrínseca imposta pelo mercado e internalizada pela caracterização da individuação das experiências e das estruturas de conhecimento criadas nas organizações. Desse modo, quando se consideram ambientes coletivos, o grau de incerteza aumenta consideravelmente, pois os aspectos sociais não são lineares e objetivos. Também é importante destacar que as organizações são compostas e integradas pelo compartilhamento das experiências individuais e da socialização dos indivíduos que as constituem.

Esse contexto remete a uma necessidade de atenção tanto no nível individual quanto nos níveis coletivos de ações organizacionais. Como uma dessas ações, destaca-se a proatividade em políticas de recursos humanos, de otimização dos processos institucionais e de monitoração desses componentes para maior adaptabilidade dos conhecimentos internalizados e externalizados na organização.

Como resposta a esses desafios, sugere-se a adoção da inteligência organizacional como fonte de vantagem competitiva não esgotável (isto é, autossustentável) para corporações e instituições, entendida como a capacidade de uma organização de adaptar-se, aprender, inovar, aumentar seu conhecimento e selecionar alternativas, em resposta a condições ambientais[4]. A inteligência organizacional visa trazer de forma prática resultados com valor agregado para o ambiente interno e externo em que as organizações estão inseridas. Ela também pode ser entendida como a capacidade de interpretar o ambiente complexo da organização[5]. É a capacidade de julgamento de um problema que surge pelo conhecimento distribuído na organização, com vistas à utilização na consecução de seus objetivos e como principal meta de apoio no processo decisório em todos os níveis.

Este capítulo apresenta o referencial teórico para a inteligência organizacional sob a perspectiva de processo, adotando a abordagem de Matsuda[6].

Abordagem de Matsuda

Para Matsuda[6], a inteligência organizacional é um processo composto de cinco partes:

I. Memória organizacional – Refere-se à capacidade de preservar, recuperar e utilizar dados e informações decorrentes de experiências vivenciadas pela organização, com a finalidade de aprender com elas.
II. Cognição organizacional – Refere-se à capacidade e às atividades de busca, coleta, percepção, análise, síntese e compreensão dos ambientes interno e externo da organização.
III. Raciocínio organizacional – Refere-se à definição de estratégias para prevenção, dissimulação e tratamento de problemas

organizacionais, além da solução destes, aproveitando-se as oportunidades presentes no ambiente da organização.

iv. Aprendizado organizacional – Refere-se à capacidade de uma organização de identificar e armazenar conhecimento resultante de experiências individuais e organizacionais e, ainda, de modificar seu comportamento de acordo com os estímulos percebidos no ambiente. Além disso, implica a utilização de suas experiências e percepções para produzir novos comportamentos, mais adequados ao ambiente em que se situa.

v. Comunicação organizacional – Refere-se à troca de dados, informações e conhecimentos que fluem em uma organização, além daquelas trocas que ocorrem entre uma organização e seus ambientes interno e externo.

A Figura 3.1 ilustra o conceito do processo de inteligência organizacional, apresentando o inter-relacionamento entre os componentes, que se dá de forma aleatória, ou seja, em ciclos recorrentes, sem ordem predeterminada e, ao mesmo tempo, com pontos equidistantes do centro, em um pleno estado de harmonia e integração, dando ênfase ao aspecto holístico dessa inteligência.

Figura 3.1 – Processo de inteligência organizacional

A seguir, será detalhado cada um dos componentes do processo de inteligência organizacional. Para facilitar a compreensão de cada fase, será apresentado o mapeamento dos principais imperativos* que envolvem cada componente.

Memória organizacional

O componente MEMÓRIA ORGANIZACIONAL é fundamental para o processo construtivo e evolutivo dos demais componentes. Walsh e Ungson[7] definem a memória organizacional como um meio pelo qual a informação do passado é aplicada em decisões presentes. Conforme Neustadt, citado pelos mesmos autores, o futuro não tem outro lugar de onde vir senão do passado.

Sob um aspecto mais restrito, a memória organizacional envolve a representação do conhecimento e da informação em uma organização. Ela pode incluir o conhecimento sobre objetivos, planos, produtos, processos de produção, clientes, estratégias de *marketing*, resultados financeiros, experiências, perícia na resolução de problemas etc.[8]

> *Euzenat (1996) explica que memória organizacional é um repositório do conhecimento e o know-how do conjunto dos indivíduos que trabalham em uma organização, tendo por finalidade preservar o conhecimento, a fim de permitir a socialização, uso, reuso, inovação e transformação do mesmo. Pode ser comparada a uma rede virtual sobre os seres humanos e a experiência dos mesmos (de forma tácita ou representada explicitamente), disponíveis em uma organização.*[9]

Como conceito primário, a memória organizacional tem a finalidade de prover meios para que conhecimentos do passado subsidiem ações e decisões do presente[7]. É importante estabelecer formas de acesso ao acervo de objetos armazenados, além de concentrar os diversos recursos dispersos na instituição. Para viabilizar o processo

* *Os imperativos se referem às variáveis operacionais de análise de cada componente do processo de inteligência organizacional.*

de localização do conhecimento, devem ser utilizadas estruturas de retenção ou memórias organizacionais destinadas ao armazenamento do conhecimento. Uma das formas de facilitar ou de tornar mais prática essa localização é a definição de um processo que leve em conta todas as variáveis ou sinais importantes para a organização.

A memória organizacional precisa ser socialmente construída, mantida e administrada. Desse modo, ela se torna um componente importante nas iniciativas da organização. A memória envolve pessoas, arquivos, procedimentos organizacionais, estruturas organizacionais e cultura[10]. Além disso, constitui um instrumento de retenção do conhecimento organizacional que não só possibilita armazenar o conhecimento tático explicitado das mentes humanas, como também contribui para o aprendizado por meio de experiências passadas, oferecendo sustentação aos processos decisórios. Assim, a gestão do conhecimento e a memória organizacional exercem papel central na efetividade, na tomada de decisão estratégica e na *performance* organizacional.

Galliers, citado por Hatami, Galliers e Huang[11], afirma que a efetividade da memória organizacional é atingida por intermédio da integração sinérgica de recursos de infraestrutura de conhecimento, cultura e tecnologia. Encontra-se espalhada nos mais diversos cantos da organização, em "cérebros e papel" (Pondy; Mitroff, citados por Walsh; Ungson[7]). Assim, uma orientação com especialização de responsabilização pode elevar a importância estrutural e a maturidade desse processo (ver Figura 3.2).

Examinando-se os conceitos sobre a memória organizacional, percebe-se que seus principais imperativos são armazenamento e recuperação.

Figura 3.2 – Memória organizacional

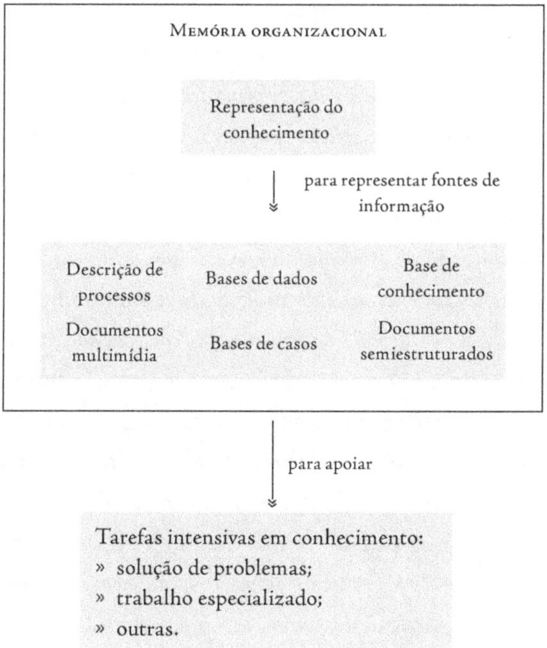

Fonte: Ackerman[10].

O armazenamento se refere à forma como a organização cuida da preservação de aspectos necessários para suas operações. Isso envolve aspectos estratégicos e tecnológicos. É sabido que a informação está presente de forma descentralizada na organização, sendo necessária uma modelagem organizacional para que o destino da informação ocorra de forma apropriada.

Nessa perspectiva, conforme Almeida[12: p.55], "a estrutura da memória consiste de cinco locais de armazenamento dentro da organização: indivíduos, cultura, transformações, estruturas, ecologia; e um fora da organização: arquivos externos":

> *Os* indivíduos, *membros de uma organização, retêm a informação a partir de suas próprias experiências diretas. Essa informação*

pode ser retida na memória do indivíduo ou, mais sutilmente, em suas estruturas de crenças e valores.

A cultura organizacional é a forma aprendida de perceber, pensar e sentir os problemas da organização, transmitida aos seus membros. Incorpora experiências passadas que são úteis para lidar com o futuro. A informação cultural é armazenada pela linguagem, pelas experiências compartilhadas, pelos símbolos, pelas sagas, estórias e boatos. Tal informação é retida no processo de comunicação entre os membros e, assim, armazenada na coletividade supraindividual.

As transformações que ocorrem na organização também contêm informações. A informação logística, que guia a transformação de uma entrada (por exemplo, dados sobre um material, sobre um novo funcionário, ou sobre um pedido de um cliente) em uma saída (por exemplo, um produto final, um membro veterano da empresa ou o atendimento ao pedido de um cliente), está incorporada na própria transformação. As transformações, que ocorrem por toda a empresa como práticas de trabalho, estão em constante mutação e são construídas sobre experiências passadas.

A estrutura organizacional influencia o comportamento dos indivíduos e sua relação com o ambiente. As funções ou papéis dos indivíduos envolvem a determinação de posições particulares na sociedade, sendo um repositório no qual a informação sobre a organização é armazenada. Os papéis individuais fornecem a ligação entre as memórias individuais e a MO: na medida em que esses papéis se tornam padronizados ao longo do tempo, descrevendo a diferenciação de tarefas, o repositório que armazena papéis individuais é aplicável também à organização.

A estrutura física ou ecologia do local de trabalho codifica e revela informações. A configuração física ajuda a moldar e reforçar as prescrições de comportamento dentro da organização. A ecologia do local de trabalho, dessa forma, retém informação sobre uma organização e sobre seus membros.

> *A importância dos* ARQUIVOS EXTERNOS *reside no fato de que a organização, por si própria, não é o único repositório de seu passado. Quando ocorrem falhas na memória de um indivíduo, ele busca ajuda de colegas para relembrar um evento. Da mesma forma, uma organização se encontra em um ambiente em que outras instituições acompanham suas ações. Embora não façam parte da memória de uma organização, essas fontes guardam informações sobre o seu passado que podem ser recuperadas.* [12: p. 55-56] [grifos do original]

Em relação à estratégia, deve haver prioridade na preservação de criação de contexto para geração de novos relacionamentos sob os aspectos sociais e tácitos. Sob o aspecto tecnológico, há necessidade de conversão dos aspectos tácitos para um ambiente sistêmico, estruturado de forma qualitativa e quantitativa. O alinhamento da estratégia pela sistematização de uma memória organizacional cria possibilidades para geração de *feedback* diante dos objetivos e das metas estabelecidos no processo decisório e cognitivo.

Os métodos de RECUPERAÇÃO são essenciais para as organizações. De forma simplificada, isso implica que a informação esteja disponível ao acesso físico e lógico por pessoas que necessitem da informação. A recuperação da informação pode ocorrer de forma explícita e objetiva ou de forma subjetiva, com base em hipóteses e inferências na criação do contexto. Dessa forma, a recuperação da informação a partir das estruturas de retenção e do caráter dos aspectos geradores da memória organizacional pode variar de modo automático a controlado[12]:

» A RECUPERAÇÃO AUTOMÁTICA no nível individual diz respeito às situações nas quais a informação sobre as decisões do presente é extraída intuitivamente, como função da execução de uma sequência de ações estabelecidas e rotineiras. No nível organizacional, a recuperação automática ocorre quando comportamentos presentes são baseados em práticas anteriores e, em seguida, codificados em transformações, estrutura, cultura e ecologias.

» A RECUPERAÇÃO CONTROLADA varia em função da forma de retenção considerada. Indivíduos podem recuperar a informação fazendo analogias com decisões coletivas do passado, podendo, individualmente, ajudar colegas a relembrar. Nesse sentido, memórias individuais diversas e conflitantes possibilitam um processo de recuperação mais efetivo. A informação sobre o processo estímulo-resposta de decisões passadas pode ser conscientemente recuperada por um indivíduo ou conjunto de indivíduos, com ou sem o uso de tecnologia.

A recuperação complexa dependerá das formas de armazenamento em questão. Os aspectos explícitos são simples sob a ótica de que a informação está inserida em algum tipo de meio. Porém, no âmbito tácito, a complexidade se eleva diante das perspectivas de interpretação e comunicação dos significados a serem buscados, quando aconteceram pela experiência de outrem.

Concluindo, todo o processo de inteligência, considerando-se aspectos cognitivos, racionais e de comunicação, pode ficar comprometido por falhas no processo de recuperação da informação requerida.

Cognição organizacional

Hayes e Allinson[13] afirmam que a cognição organizacional está relacionada à forma como as pessoas adquirem, armazenam e utilizam o conhecimento. No âmbito organizacional, isso se caracteriza pela busca, coleta, processamento, análise e síntese das informações. Dessa forma, a cognição tem suas funções-base na utilização de informações, para gerar significados efetivos nas organizações. É um processo desenvolvido pela organização no tocante à identificação de padrões, à captação de dados, ao processamento e à organização de informações em bancos de memória, realizando-se análise e diagnóstico e produzindo-se conhecimento sobre situações complexas que dão suporte à inteligência, cujo propósito é apoiar o processo de tomada de decisão no ambiente que está sendo analisado. De forma macro, a Figura 3.3 ilustra esse processo.

Albrecht[14] define *dado* como "a matéria-prima essencial; quase uma substância física a ser armazenada, movimentada e manipulada". De forma complementar, Moresi[15] afirma que dados são de natureza física e formal em sua caracterização.

Figura 3.3 – Cognição organizacional

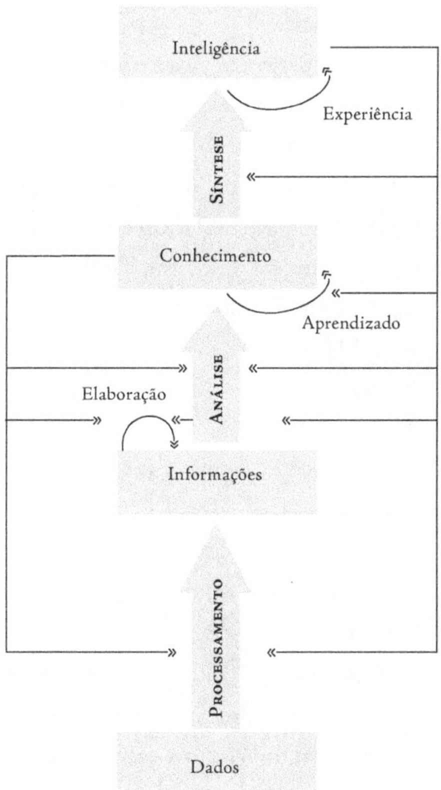

Fonte: Moresi[15: p.18].

Com isso, deve haver um tipo de processamento para a elaboração e a consolidação desses dados em informações. Alimentando-se o processo analítico, que é cíclico, é gerado conhecimento, definido como informação de valor agregado aplicada a um problema.

Davenport e Prusak[16] conceituam *conhecimento* como um fluido misto de experiências, valores, informação contextual e conhecimento que fornece uma estrutura para avaliar e incorporar novas experiências e informação. Ele tem origem e é aplicado na mente das pessoas. Nas organizações, está frequentemente embebido não só nos documentos e nos repositórios, mas também nas rotinas, nos processos, nas práticas e nas normas. Em suma, esse produto ocorre a partir do aprendizado contínuo, que é finalizado com a síntese e a experiência agregadas na transformação em inteligência.

De forma funcional, nas organizações existem grupos e/ou equipes responsáveis pelo processamento, pela análise e pela divulgação das informações de seu domínio, para alinhá-lo à estratégia organizacional. Destacam-se aqui os procedimentos (que devem seguir uma diretriz tecnológica única) para evitar retrabalhos e desalinhamento das informações entre áreas distintas. Conforme Tholt[17], alguns direcionamentos para diretrizes de análise são:

- definição do problema;
- geração de hipóteses;
- coleta de informações;
- avaliação de hipóteses (interpretação);
- seleção da hipótese mais provável;
- monitoração contínua.

A Figura 3.4 ilustra esse processo, desde a necessidade de informação até a tomada de decisão.

De forma consolidada, a cognição organizacional tem como requisito a observação das complexidades para manipular e transformar informação sobre o mundo real, tal como a compreensão dos ambientes interno e externo da organização, com o fim de influenciar as futuras evoluções da organização.

Após a revisão dos conceitos sobre a cognição organizacional, percebe-se que os principais imperativos são: busca e coleta; processamento; análise e percepção; síntese.

Na BUSCA E COLETA DE INFORMAÇÕES, a organização precisa observar seletivamente a grande quantidade de sinais criados em um ambiente dinâmico, interpretar as mensagens confusas e perceber os indícios relativos às suas atividades e objetivos[18]. É necessário promover a busca e a coleta das principais variáveis ambientais internas ou externas que em termo ou função influenciam o direcionamento e as ações organizacionais. Essas variáveis podem ser identificadas a partir do sistema no qual a organização está inserida e de suas condições regulatórias, econômicas, culturais, entre outras.

Figura 3.4 – Cognição organizacional

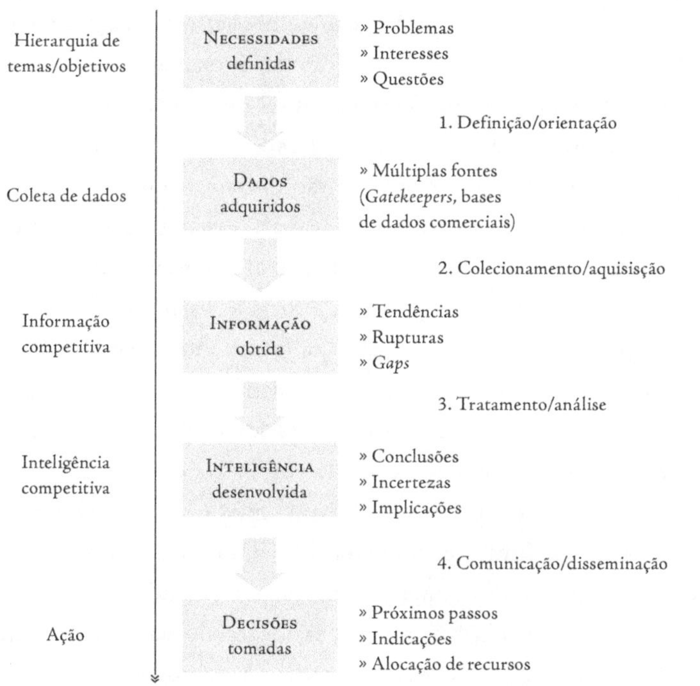

Fonte: Moresi; Nehme[4].

É pertinente distinguir entre os conceitos de busca e coleta. O conceito de busca se prende ao ato ou efeito de buscar[19]. Tem como objetivo encontrar alguma coisa. É entendido também como investigação cuidadosa: pesquisa, exame; procura minuciosa: revista, exame; movimento íntimo para alcançar um fim. O conceito de coleta tem seu foco na obtenção de dados por meio de diversos métodos e fontes.

O PROCESSAMENTO apresenta aspectos físicos e lógicos. Os primeiros são de natureza quantitativa, ligados aos tipos de manipulação de variáveis. No caso dos aspectos lógicos, o processamento se dá pela forma como está sendo efetuada essa concepção.

É importante destacar que para a cognição é fundamental o tempo gasto para consolidação das informações, bem como sua validação para a tomada de decisão. A definição de uma diretriz processual e tecnológica única para tratamento e divulgação das informações estratégicas pelas áreas funcionais é um diferencial a ser buscado atualmente.

Com relação à ANÁLISE e à PERCEPÇÃO, Moresi e Nehme[4] sugerem que é necessária uma compreensão organizacional que inclua a autoavaliação no cenário externo e a avaliação de outras organizações e, de modo geral, das diversas condições ambientais. Para isso, são realizados testes destinados a coletar informações ambientais.

Sob a perspectiva da informação, qualquer mudança ou desenvolvimento no ambiente externo cria sinais e mensagens, aos quais uma organização deve estar atenta. Alguns desses sinais são fracos (difíceis de serem detectados), muitos são confusos (difíceis de serem analisados) e outros são espúrios (não indicam mudanças verdadeiras)[20]. Portanto, integrar informações externas e internas é de fundamental importância para o alinhamento e as adaptações cabíveis às estratégias. As áreas envolvidas incumbem-se sobretudo da busca por uma estrutura formal e ferramentas adequadas. Antecedendo essa integração, é necessário enfatizar que a fase de análise deve ser distinta da fase de coleta de informações.

De acordo com Xu e Chen[21], *vínculos* podem ser conceituados como uma forma de estabelecer relacionamentos entre registros de dados e informações sobre elementos (*entities*) e suas associações em grande escala sob forma de dados brutos, convertendo-as em uma representação de rede. Essa representação consiste do inter-relacionamento entre os elementos.

É possível, portanto, efetuar a análise dos dados, o que, conforme Tholt[17], depende primeiramente da acuidade e de quão completos são os dados disponíveis. Para Moresi e Nehme[4], a perícia na percepção caracteriza-se como o olhar crítico de uma organização, ou seja, a observação analítica para processos relevantes e de aspecto transcendental para oportunidades invisíveis. Essa análise pode ser conceituada de duas formas: por dados e por conceitos.

A análise direcionada por conceitos está no lado oposto do espectro ao da análise direcionada por dados. As perguntas a serem respondidas não têm limites organizados, existem muitas incógnitas, ou seja, a análise está baseada na incerteza e na complexidade[17].

Esses tipos de análise devem: considerar os detalhes adicionais sobre as variáveis já incluídas no processo cognitivo; buscar e identificar outras variáveis; inserir as informações relativas ao valor já atribuído às variáveis já incluídas na análise; definir que informações relativas a quais variáveis são as mais importantes e como elas se relacionam entre si.

Dessa forma, no processo de melhoria da análise cognitiva, é necessária uma melhor compreensão dos processos estratégicos que as organizações devem manter. Esse detalhe influencia diretamente a implantação estratégica dos meios que auxiliam e melhoram a tomada de decisão organizacional. Isso pode ser caracterizado "pela geração de premissas: incluindo as premissas para decisão, ou seja, premissas de valor e reais"[4], o que, por sua vez, possibilita o desenvolvimento de hipóteses direcionadas para uma pesquisa mais eficiente e eficaz na busca pela informação estratégica.

A síntese se relaciona às informações que resultam da construção de significado da informação pela busca, coleta, análise e percepção da realidade. Os principais aspectos a serem considerados na síntese são:

- Finalidade: síntese do objetivo do relatório;
- Aspectos coletados: síntese dos principais fatos coletados, considerando-se aqueles relevantes para a análise da variável ambiental escolhida;
- Análise e percepção: síntese das análises do comportamento das variáveis, evidências relativas a aspectos positivos e ameaças identificadas;
- Conclusão: síntese sobre a tendência da variável.

Raciocínio organizacional

Matsuda[6] define o raciocínio organizacional como a condição adquirida pela organização de prever e resolver situações e problemas organizacionais. Nisso se aplica a eficiência de utilizar os meios "presentes" na realização da melhor tomada de decisão, de acordo com as situações em questão.

Nas organizações, a tomada de decisão formal é estruturada por procedimentos e regras que especificam papéis, métodos e normas. A ideia é que as regras e as rotinas esclareçam o necessário processamento de informação diante de problemas complexos, incorporem técnicas eficientes e confiáveis aprendidas com a experiência e coordenem ações e resultados dos diferentes grupos organizacionais[18].

É importante destacar que, para efetuar uma escolha totalmente racional, o indivíduo deve identificar todas as alternativas disponíveis, prever as consequências de cada alternativa e avaliar essas consequências de acordo com seus objetivos e preferências. Além disso, são necessárias informações sobre a situação atual – que alternativas estão atualmente disponíveis ou devem ser consideradas. Em seguida, são necessárias informações sobre o futuro – quais as consequências de cada uma das ações alternativas. Também são necessárias informações sobre como caminhar do presente para o futuro – que valores e preferências devem ser usados para escolher a alternativa que, de acordo com o conjunto de critérios, será capaz de alcançar os resultados desejados. Portanto, para Choo[18], a racionalidade é limitada, no mínimo, por três razões:

i. A racionalidade requer um conhecimento total e previsão das consequências de cada escolha. Na verdade, o conhecimento das consequências é sempre fragmentário.
ii. Como as consequências pertencem ao futuro, a imaginação deve suprir a falta de experiência para avaliá-las. Mas a previsão de valores é sempre imperfeita.
iii. A racionalidade requer escolher entre todos os comportamentos alternativos possíveis. No comportamento real, apenas algumas dessas possíveis alternativas vêm à mente.

Para suprir essas limitações, uma alternativa é o conceito proposto por Ferro Júnior[22], que define *raciocínio organizacional* como a capacidade que surge a partir da interação com os outros quatro elementos (memória, cognição, aprendizado e comunicação) para manter a eficiência da estrutura organizacional. A dependência dessa interação fica evidente na definição de estratégias com vistas à prevenção, à solução e ao tratamento de problemas organizacionais, bem como no aproveitamento das oportunidades presentes no ambiente da organização. Para a definição dessas estratégias e tomadas de decisão, há também uma necessidade intrínseca de outros componentes, como armazenamento e recuperação, processos de busca e comunicação. Atualmente, o recurso escasso não é a informação, mas a capacidade de dar atenção à informação. Conforme Simon, citado por Choo[23], essa atenção é o principal gargalo na atividade organizacional, tornando-se ainda mais estreito à medida que nos aproximamos do topo das organizações.

Os principais requisitos identificados para o raciocínio organizacional apontam para a solução de problemas organizacionais e o desenvolvimento de estratégias para prevenção de problemas.

Com a revisão dos conceitos sobre o raciocínio organizacional, conclui-se que os seus principais imperativos são: inovação, incerteza, pensamento sistêmico e pensamento estratégico.

A adoção da INOVAÇÃO, segundo Tornatzky e Fleischer[24], não é um processo individual, mas depende do contexto organizacional, exigindo o envolvimento de todos e participação dos diversos níveis hierárquicos. A tomada de decisão se dá em três etapas: definição do problema, busca de soluções e escolha de alternativas.

O imperativo da INCERTEZA significa que os tomadores de decisão não dispõem de informações suficientes sobre os fatores ambientais e que encontram dificuldades na previsão das mudanças externas. A incerteza aumenta o risco de falhas das respostas organizacionais, tornando difícil o cálculo dos custos e das probabilidades relacionadas com as alternativas de decisão. As características do ambiente que influem sobre o grau de incerteza organizacional definem sua complexidade e estabilidade[25], conforme demonstra a Figura 3.5.

O PENSAMENTO SISTÊMICO é considerado a pedra angular da organização que aprende e funciona como um elo para fundir teoria e prática. Colabora para que as pessoas enxerguem as coisas como parte do todo, e não como peças isoladas, bem como para que criem e mudem a sua realidade. É um quadro de referência conceitual, um conjunto de conhecimentos e ferramentas desenvolvido ao longo do tempo, através da percepção do mundo como uma rede integrada de relacionamentos.

De forma objetiva, o pensamento sistêmico é um roteiro básico para perceber as estruturas da realidade organizacional.

Figura 3.5 – Incerteza ambiental

Mudança ambiental	Simples	Complexo
	Simples + estável = incerteza baixa	**Complexo + estável = incerteza baixa-moderada**
Estável	1. Pequeno número de elementos externos e semelhantes. 2. Os elementos permanecem os mesmos ou se modificam lentamente. Exemplos: engarrafadoras de refrigerantes, distribuidores de cerveja, fabricantes de embalagens, processadores de alimentos.	1. Grande número de elementos externos e estes não são semelhantes. 2. Os elementos permanecem os mesmos ou se modificam lentamente. Exemplos: universidades, fabricantes de utensílios domésticos, empresas químicas, companhias de seguros.
	Simples + instável = incerteza alta-moderada	**Complexo + instável = incerteza alta**
Instável	1. Pequeno número de elementos externos e semelhantes. 2. Os elementos se modificam com frequência e de maneira imprevisível. Exemplos: comércio eletrônico, roupas da moda, indústria musical, fabricante de brinquedos.	1. Grande número de elementos externos e estes não são semelhantes. 2. Os elementos se modificam com frequência e de maneira imprevisível. Exemplos: empresas de computadores, empresas aeroespaciais, empresas de telecomunicações, companhias aéreas.

Incerteza (seta: de Simples + estável para Complexo + instável)

Complexidade ambiental

Fonte: Daft[25: p.129].

Com relação ao imperativo do PENSAMENTO ESTRATÉGICO, Ohmae, citado por Serra, Torres e Torres[26], afirma que a estratégia corporativa visa à vantagem competitiva. É objetivo do planejamento estratégico capacitar a empresa a ganhar, da maneira mais eficiente possível, uma margem sustentável sobre seus concorrentes. A estratégia corporativa, dessa forma, significa uma tentativa de modificar, de modo eficaz, o poder de uma empresa em relação ao dos seus concorrentes.

Andrews, citado por Mintzberg e Quinn[27], sugere que a estratégia é o padrão de decisões em uma empresa, que determina e revela seus objetivos, propósitos ou metas, produz as principais políticas e planos para a obtenção dessas metas e define a escala de negócios em que a empresa deve envolver-se, o tipo de organização econômica e humana que pretende ser e a natureza da contribuição econômica e não econômica que pretende proporcionar a seus acionistas, funcionários e comunidades.

Essa conceituação amplia a visão de estratégia, pois com base nela são definidos o tipo de mercado de atuação, o tamanho, a amplitude e a forma de gestão e o relacionamento com os envolvidos no negócio: funcionários, clientes, fornecedores e comunidade de relacionamento. Também é previamente estimada a alocação dos recursos necessários, bem como o retorno econômico e não econômico para todos os envolvidos no negócio. O pensamento estratégico é uma oportunidade de estimular a cultura de aprendizagem organizacional nos indivíduos e na organização como um todo.

Aprendizado organizacional

Supõe o aprendizado organizacional que uma organização esteja habilitada a controlar seu comportamento em relação a seus próprios objetivos, a executar atividades de automonitoração, a filtrar informações provenientes de processos de monitoração ambiental e a adaptar-se às mudanças em seu ambiente social, político e econômico[28].

Para Garvin[29], o aprendizado organizacional pode ser rastreado ao longo de três estágios ou fases superpostas. A PRIMEIRA FASE é a cognitiva. Os membros da organização são expostos a novas ideias, ampliam seus conhecimentos e começam a pensar de maneira diferente. A SEGUNDA FASE é a comportamental. Os empregados passam a internalizar novas ideias e a alterar seu comportamento. Quanto à TERCEIRA FASE, refere-se à melhoria do desempenho com mudanças de comportamento que acarretam melhorias quantificáveis nos resultados: qualidade superior e melhor entrega, aumento de participação no mercado ou outros ganhos tangíveis.

Quanto ao método para integrar o conhecimento na organização por meio da aprendizagem, Argyris[30] propõe duas etapas. Em primeiro lugar, o processo simples, pelo qual se utiliza o *feedback* de ações passadas a fim de alterar ações futuras. Eficaz em determinadas circunstâncias, pode, no entanto, colocar a gerência numa situação reativa. Em segundo lugar, o *feedback* das ações passadas pode ser usado para questionar não só as ações futuras, como também as respectivas premissas subjacentes. Na análise do *feedback*, colocam-se questões fundamentais para a ação, tais como: "O que fazer agora?", "Por que fazê-lo?", "Que outras coisas deveríamos fazer?". Com a formulação de perguntas desse tipo, a aprendizagem organizacional é capaz de se enraizar[31].

Argyris e Schön[32] propuseram um modelo de aprendizagem organizacional baseado na teoria de ação. Nesse modelo, a aprendizagem organizacional ocorre quando os membros de uma organização, reagindo a mudanças ambientais, detectam e corrigem erros que podem resultar na modificação de estratégias e normas e das suposições associadas a elas. Dois modos de aprendizagem organizacional são possíveis: o de circuito único, ou de laço simples, e o de circuito duplo, ou de laço duplo. Um e outro são determinados pelo *feedback* da ambiência e de erros de procedimento detectados na organização.

No aprendizado de circuito único, com um único *feedback* é possível fazer o ajuste entre o erro detectado e a ação, sem alterar normas ou estratégias. O objetivo é aumentar a eficiência da organização por meio da correção do erro e da subsequente ação.

No caso do aprendizado de circuito duplo, este ocorre na organização em ocasiões quando tentar corrigir um erro dentro das normas vigentes pode não funcionar, porque surgem exigências conflitantes. Nesse caso a correção do erro, para sua efetivação, requer a reestruturação de normas organizacionais, que repercutem, por sua vez, na reestruturação de estratégias e nas suposições a elas associadas. O aprendizado de circuito duplo ocorre porque um duplo *feedback* liga a detecção do erro à ação na organização e à subsequente modificação de suas normas. Seu objetivo é garantir a sobrevivência e o crescimento da organização com a alteração das normas, o estabelecimento de novas prioridades e estratégias e a revisão das suposições a elas associadas.

O modelo de Argyris e Schön[32] foi ilustrado por Choo[23], conforme mostra a figura a seguir.

Figura 3.6 – Aprendizado organizacional

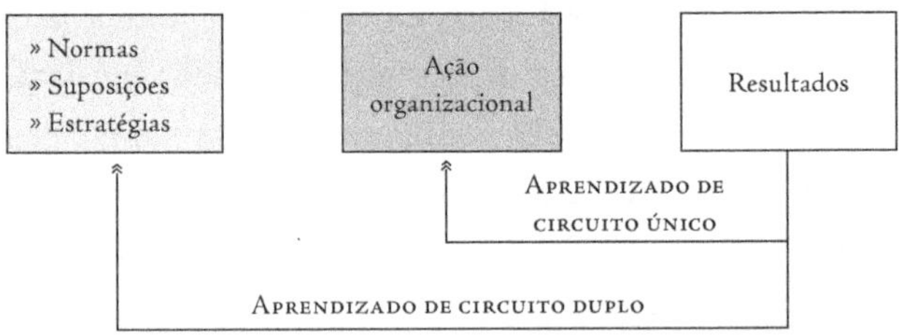

Fonte: Choo[18: p.348].

De forma complementar, Kofman[33] propõe o modelo de aprendizado de CIRCUITO TRIPLO, ou LAÇO TRIPLO (ver Figura 3.7), mostrando como esse modelo faz referência a modelos mentais, que são um conjunto de ideias e crenças profundamente arraigadas em todo ser humano, que organizam sua forma de compreender o mundo e a si mesmo. Dessa forma, o aprendizado de laço triplo pressupõe a revisão dos modelos mentais, responsáveis, por sua vez, pelas suas interpretações que geram novas ações.

Figura 3.7 – Aprendizado de laço triplo

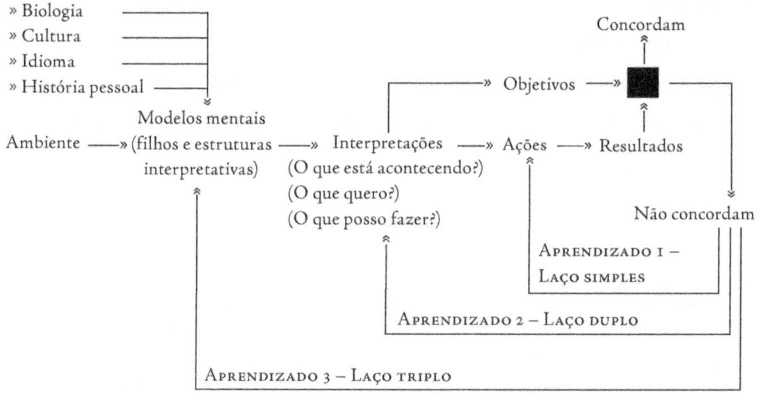

Fonte: Kofman[33].

Goh e Richards[34] afirmam que a implementação do aprendizado organizacional se torna muito complicada pela falta de uma sistemática de mensuração da capacidade de aprendizagem. Portanto, torna-se imprescindível identificar e medir as características essenciais do aprendizado organizacional. Uma sistemática de mensuração da capacidade de aprendizagem permite o gerenciamento das intervenções e das mudanças, visando construir organizações de aprendizagem mais eficazes.

Com a revisão dos conceitos sobre o aprendizado organizacional, percebe-se que os seus principais imperativos são: conhecimento, ação e lições aprendidas.

De acordo com Garvin[35], uma organização que aprende é aquela capaz de criar, adquirir e transferir CONHECIMENTO e de modificar o seu comportamento, refletindo os novos conhecimentos e percepções. Isso pode ser descrito em cinco práticas para que a organização possa aprender sempre: (i) resolução sistemática de problemas;

(ii) experimentação; (iii) aprendizagem com a história passada (lições aprendidas); (iv) aprendizagem com os outros; e (v) difusão do conhecimento pela organização.

É possível identificar uma relação entre essas práticas e outros componentes da inteligência organizacional, como desmonstrado no quadro a seguir.

Quadro 3.1 – Relação entre práticas e componentes da inteligência organizacional

Práticas da organização que aprende	**Componentes da inteligência organizacional**
Resolução sistemática de problemas e experimentação	Raciocínio organizacional
Aprendizagem com a história passada	Memória organizacional
Aprendizagem com os outros	Aprendizagem organizacional
Difusão do conhecimento pela organização	Comunicação organizacional

O processo de aprendizado se dá por meio da experiência a partir da ação, um dos imperativos mapeados para o aprendizado organizacional. Carroll, Rudolph e Hatakenaka[36] afirmam que o ciclo de pensar e fazer se torna cada vez mais importante devido à dinâmica das mudanças, à complexidade e à interdependência do conhecimento.

Para Echeverria[37], há uma forma particular de poder chamada *aprendizagem*, que é o resultado comparativo entre a capacidade de geração de AÇÃO de uma entidade em momentos diferentes no tempo. Assim, quando uma mesma entidade pode realizar ações efetivas diferentes em determinado momento de seu desenvolvimento que não podia realizar em seu passado, diz-se que ela aprendeu. A aprendizagem é, pois, um juízo de poder. Só podemos dizer que houve aprendizado quando emitimos um juízo de que aquilo que podemos fazer no presente não podíamos fazer no passado. Portanto, não há aprendizagem, assim como não há saber, que não nos remeta, de uma forma ou de outra, à nossa capacidade de ação efetiva[37].

Para o aprendizado organizacional foi mapeado ainda outro imperativo – as LIÇÕES APRENDIDAS, definidas como avaliações finais sobre as necessidades de melhorias estabelecidas com as expectativas anteriores. Nessa fase, as lições são coletadas, analisadas, resumidas e documentadas como propostas de melhorias para futuras implementações.

Desse modo, é necessário o estabelecimento de medições e a troca de experiências entre os participantes do processo. Isso envolve a governança corporativa, que surge para auxiliar no fenômeno da separação entre a propriedade e a gestão empresarial. A boa governança corporativa proporciona aos proprietários a gestão estratégica da organização e a efetiva monitoração da direção executiva. Para tal, são destacados alguns aspectos, como:

» TRANSPARÊNCIA – O executivo principal deve prestar todas as informações de real interesse, obrigatórias ou espontâneas, para os proprietários e demais partes interessadas. As informações da empresa devem ser equilibradas, abordando tanto aspectos positivos quanto negativos, para facilitar ao leitor a correta avaliação da empresa. O relatório anual deve conter uma declaração a respeito de quais práticas de governança corporativa são cumpridas.

» PRESTAÇÃO DE CONTAS – O executivo principal responde pelo desempenho e pela atuação da empresa.

» ÉTICA – Dentro do conceito das melhores práticas de governança corporativa, além do respeito às leis do país, toda empresa deve ter um código de ética que comprometa sua administração e seus funcionários, elaborado pela diretoria e aprovado pelo conselho de administração. Existe um conflito de interesses quando alguém não é independente em relação à matéria em pauta e a pessoa em questão pode influenciar ou tomar decisões correspondentes. Algumas definições de independência têm sido dadas para conselheiros de administração e para auditores independentes.

Com isso, a utilização de estruturas e/ou práticas de governança corporativa que efetivamente auxiliem e agreguem valor no alinhamento dos processos internos e externos aos processos de negócios é fundamental para o cumprimento da estratégia da organização. Tais práticas permitem maior mobilização da organização, tanto em nível intelectual como tecnológico, na realização de sua missão e, principalmente, na reflexão e análise das lições aprendidas.

Comunicação organizacional

A comunicação organizacional pode ser entendida como um processo de construção de sentido. Ela permite que os participantes (emissores e receptores) realizem intercâmbios de mensagens, com diferentes graus de informação, mediante o uso da linguagem[38].

Em relação às funções básicas da comunicação organizacional, Robbins[39] distingue quatro funções dentro de uma organização ou de um grupo:

i. Controle – A comunicação atua no controle do comportamento das pessoas de diversas maneiras, a começar pela hierarquia que as organizações possuem, fazendo com que o funcionário saiba a quem comunicar primeiro uma informação ou um acontecimento.
ii. Motivação – A comunicação facilita a motivação na medida em que esclarece aos funcionários o que deve ser feito, avalia a qualidade do seu desempenho e orienta sobre o que fazer para melhorá-lo.
iii. Expressão emocional – É por meio da comunicação que os funcionários expressam os seus sentimentos de satisfação e/ou frustrações.

iv. Informação – A comunicação facilita a tomada de decisões porque torna acessíveis à pessoa ou ao grupo as informações de que eles necessitam para tomarem suas decisões, de modo que conheçam os dados para identificar e avaliar as alternativas.

Tais funções básicas são de fundamental importância para que as organizações elevem o grau de maturidade de suas relações.

O processo de comunicação é de natureza relacional; uma parte é o emissor; a outra, o receptor. As relações sociais que ocorrem nesse processo envolvem transmissor e receptor e seus efeitos recíprocos, à medida que se comunicam.

É importante enfatizar que as comunicações, no ambiente organizacional, devem proporcionar informações precisas, com as implicações emocionais, para todos os membros que precisam do conteúdo da comunicação[39].

Para que a comunicação flua em todos os sentidos na organização, deve haver um equilíbrio entre as redes formal e informal. Ambas processam de formas diferentes, em situações próprias e com projetos específicos[39].

Na comunicação organizacional, o principal requisito identificado é a troca de dados, informações e conhecimentos que fluem entre atores humanos e por meio de máquinas em uma organização, além da troca que ocorre entre uma organização e seu ambiente.

Após a revisão dos conceitos sobre a comunicação organizacional, identificam-se seus principais imperativos: comunicação vertical, horizontal, formal e informal.

A comunicação organizacional pode fluir de forma vertical, e essa direção pode ser dividida em descendente, que se dá dos níveis superiores aos inferiores, e ascendente, que se dá no sentido contrário.

Conforme Katz e Kahn, citados por Robbins[39], a comunicação de direção descendente, de cima para baixo, é composta por cinco elementos principais:

i. O primeiro refere-se à simples instrução de trabalho. Por ela se conhece o que deve ser feito por meio de ordens diretas, sessões de treinamento, descrições de cargo ou outros mecanismos.
ii. O segundo elemento é a justificativa de uma tarefa e seus relacionamentos com o restante da organização.
iii. O terceiro elemento é relacionado às informações a respeito dos procedimentos e das práticas no interior da organização.
iv. O retorno das pressões (*feedback*) em relação ao seu desempenho é o quarto elemento do sistema de comunicação de cima para baixo.
v. O quinto elemento envolve as tentativas para doutrinar os subordinados a aceitarem as metas da organização (ou da subunidade) e a acreditarem nelas.

De acordo com esses autores, a comunicação ascendente (de baixo para cima) apresenta muitas formas. Ela pode, no entanto, ser reduzida àquilo que as pessoas dizem a respeito de si mesmas, sobre seu desempenho e seus problemas; a respeito de outros e de problemas deles; a respeito das práticas e políticas organizacionais; a respeito daquilo que precisa ser feito e de como pode ser feito.

Esse tipo de comunicação integrada permite estabelecer uma política global, em função de uma maior coerência entre os programas, de uma linguagem comum e de um comportamento homogêneo, além de evitar sobreposições de tarefas. Os diversos setores trabalham de forma conjunta, visando aos objetivos gerais da organização, ao mesmo tempo que respeitam os objetivos específicos de cada um[40].

A comunicação organizacional pode fluir de forma HORIZONTAL ou LATERAL, que se caracteriza pela sua maior informalidade, podendo ocorrer entre pessoas do mesmo grupo ou entre diferentes grupos. Esse tipo de comunicação no interior das subunidades possui um conteúdo muito mais rico do que os materiais de coordenação das tarefas organizacionais[39].

A interação entre pares constitui um tipo de comunicação horizontal. A que ocorre entre membros de diferentes subunidades organizacionais, na realidade, acontece na comunicação face a face, memorando a memorando, *e-mail* a *e-mail*. Em geral, as partes envolvidas comunicam-se diretamente, poupando, dessa maneira, tempo e resolvendo as situações de forma objetiva. Os canais diferem em relação à capacidade de transmitir informações. No entanto, para que a comunicação flua em todos os sentidos na organização, é necessário que haja equilíbrio entre as redes formal e informal. As chamadas *redes formais* são verticais e seguem a hierarquia da empresa e/ou instituição, isto é, retratam a cadeia de autoridade[39]. Na comunicação FORMAL, pode-se perceber uma relação hierárquica muitas vezes rígida, com excesso de burocracia, em que nem sempre é relatada a totalidade dos acontecimentos. Por não deixar margem para discussões, transmite-se uma imagem autoritária para os submetidos a esse tipo de comunicação. Conforme Oliveira, citado por Giglioti[41], o esquema formal na organização segue uma ordem conscientemente planejada, facilitada e controlada, numa corrente de comando em escala hierárquica.

Por sua vez, as redes INFORMAIS fluem em qualquer direção, passando, muitas vezes, por cima dos níveis de autoridade[39]. A comunicação informal é mais suscetível a erros, devido à tendência de usar informações sem a devida comprovação e de forma precipitada. Leva, muitas vezes, a um entendimento incorreto ou impreciso dos fatos. Entretanto, preenche vazios deixados pela rigidez inerente à comunicação formal. Conforme Oliveira, citado por Giglioti[41], o esquema de comunicação informal surge espontaneamente na empresa, como consequência das necessidades de seus membros.

Consolidação dos imperativos por componente de inteligência organizacional

Os modelos de adequação ou estruturação para a inteligência organizacional podem ser representados de acordo com a figura a seguir.

Figura 3.8 – Ciclo de inteligência organizacional

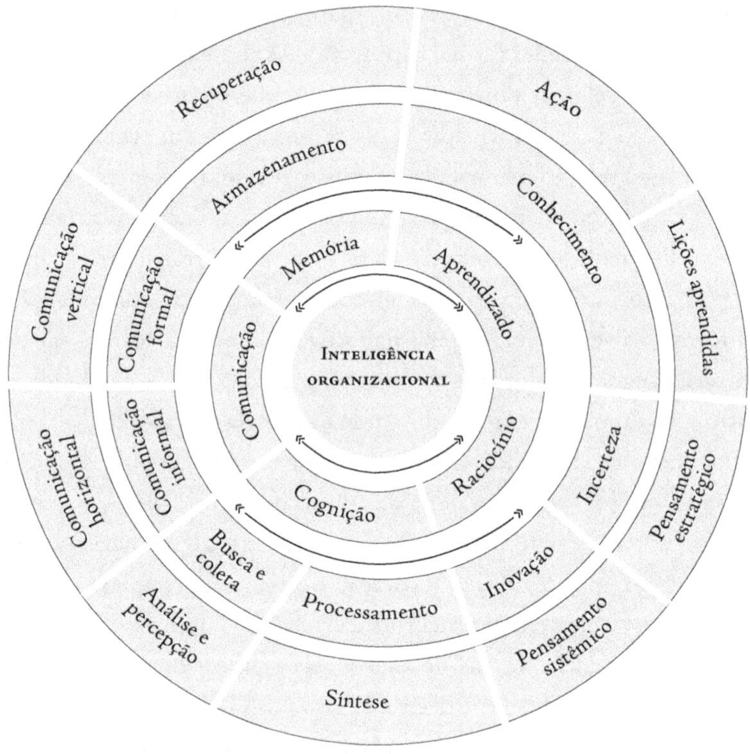

A construção desse referencial teórico representado na Figura 3.8 permite a síntese no Quadro 3.2, o qual consolida os principais requisitos da inteligência organizacional por componente.

Quadro 3.2 – Requisitos dos componentes do processo de inteligência organizacional

Componentes	Requisitos	Imperativos	Descrição
Memória organizacional	Armazenar e recuperar informação.	Armazenamento	Forma como a organização cuida da preservação de aspectos necessários às suas operações.
		Recuperação	Tipos e formas de recuperação explícita e objetiva ou subjetiva.
Cognição organizacional	Observar as complexidades para manipular e transformar informação sobre o mundo real.	Busca e coleta	Tipos de obtenção da informação.
		Processamento	Manipulação de variáveis por meio de busca e coleta.
		Análise e percepção	Integração das variáveis e informações externas e internas.
		Síntese	Como as informações são apresentadas após a construção de significado da informação.
Raciocínio organizacional	Solucionar problemas organizacionais e desenvolver estratégias para prevenção de problemas.	Inovação	Geração de novos produtos e serviços.
		Incerteza	Percepção de futuro e conhecimento das variáveis ambientais.
		Pensamento sistêmico	Resolução de problemas.
		Pensamento estratégico	Planejamento estratégico.

(continua)

(*Quadro 3.2 – conclusão*)

Componentes	Requisitos	Imperativos	Descrição
Aprendizado organizacional	Desenvolver novos conhecimentos e competências e aprender com a experiência.	Conhecimento	Interação entre conhecimento tácito e explícito.
		Ação	Capacidade de geração de ação de uma entidade.
		Lições aprendidas	Avaliações finais sobre as necessidades de melhorias estabelecidas com as expectativas anteriores.
Comunicação organizacional	Troca de dados, informações e conhecimentos que fluem entre atores humanos e por meio de máquinas em uma organização, além da troca que ocorre entre uma organização e seu ambiente.	Comunicação vertical	A direção vertical pode ser dividida em descendente, que se dá dos níveis hierárquicos mais altos para os mais baixos, e ascendente, que se dá dos níveis mais baixos aos mais altos.
		Comunicação horizontal	Ocorre entre pessoas do mesmo grupo ou entre os diferentes grupos.
		Comunicação formal	Baseada na cadeia da autoridade hierárquica.
		Comunicação informal	Redes informais fluem em qualquer direção.

Percebe-se, portanto, que a inteligência organizacional se baseia no estudo de múltiplos fatores inter-relacionados, que envolvem aspectos corporativos, organizacionais e pessoais, entre eles – um dos seus componentes essenciais – o aprendizado organizacional. Por meio deste, a organização aprende com seus erros, sucessos e sua própria história.

Questões para reflexão

1. De que modo os componentes *memória, cognição, raciocínio* e *comunicação* apoiam o processo da aprendizagem organizacional?
2. Quais são as condicionantes para a sistematização do processo da inteligência organizacional?
3. Quais são os construtos convergentes que se encontram nos componentes *memória, cognição, raciocínio, aprendizado* e *comunicação*, presentes no processo da inteligência organizacional?

Sugestões de pesquisas futuras

1. Definição das diretrizes, dos desafios e das ações organizacionais para implantação de um processo integrado de inteligência organizacional.
2. Definição das condições para elaboração de um plano de implantação do processo de inteligência organizacional em uma organização.

Referências

1. Lopes, D. F. **Proposta de instrumento para análise do processo da inteligência organizacional**. 181 f. Dissertação (Mestrado em Gestão do Conhecimento e da Tecnologia da Informação) – Universidade Católica de Brasília, Brasília, 2009. Disponível em: <http://www.bdtd.ucb.br/tede/tde_busca/arquivo.php?codArquivo=1040>. Acesso em: 6 ago. 2010.

2. Davis, S.; Meyer, C. **Blur**: a velocidade da mudança na economia integrada. Rio de Janeiro: Campus, 1999.

3. Mintzberg, H. **Criando organizações eficazes**. 2. ed. São Paulo: Atlas, 2003.

4. Moresi, E. A. D.; Nehme, C. C. **Curso de inteligência organizacional**. Brasília: Universidade Católica de Brasília, 2007. Notas de aula.

5. Ferro Júnior, C. M.; Moresi, E. A. D. **Inteligência organizacional**: identificação das bases doutrinárias para a investigação criminal. 2008. Disponível em: <http://www.clubjus.com.br/?artigos&ver=2.16266>. Acesso em: 9 ago. 2010.

6. Matsuda, T. Organizational intelligence: its significance as a process and as a product. In: International Conference on Economics Management and Information Technology, 1992, Tokyo, Japan. **Proceedings...** Tokyo, 1992.

7. Walsh, J. P.; Ungson, G. R. Organizational memory. **The Academy of Management Review**, v. 16, n. 1, p. 57-91, 1991.

8. Prasad, M. V. N.; Plaza, E. Corporate memories as distributed case libraries. In: Tenth Knowledge Acquisition for Knowledge-Based Systems Workshop (Kaw'96), 1996, Banff, Alberta, Canada. **Proceedings...** Banff, 1996. p. 40-01; 40-19.

9. Ferro Júnior, C. M.; Moresi, E. A. D. Inteligência organizacional: identificação das bases doutrinárias para a investigação criminal. **DataGramZero:** Revista Ciências da Informação, v. 9, n. 1, fev. 2008. Disponível em: <http://www.dgz.org.br/fev08/Art_02.htm>. Acesso em: 21 jul. 2010.

10. Ackerman, M. S. **Augmenting the organizational memory**: a field study of Answer Garden. 1998. Disponível em: <http://www.eecs.umich.edu/~ackerm/pub/98a7/j-ag.final-fmt.pdf>. Acesso em: 9 ago. 2010.

11. Hatami, A.; Galliers, R. D.; Huang, J. Exploring the impacts of knowledge (re)use and organizational memory on the effectiveness of strategic decisions: a longitudinal case study. In: Annual Hawaii International Conference on System Sciences (Hicss'03), 36., 2003. **Proceedings...** Washington, DC: IEE Computer Society, 2003. v. 4.

12. Almeida, M. B. **Um modelo baseado em ontologias para representação da memória organizacional**. 345 f. Tese (Doutorado em Ciência da Informação) – Universidade Federal de Minas Gerais, Belo Horizonte, 2006. Disponível em: <http://www.bibliotecadigital.ufmg.br/dspace/bitstream/1843/VALA-6T7QFT/1/doutorado___mauricio_barcellos_almeida.pdf>. Acesso em: 9 ago. 2010.

13. Hayes, J.; Allinson, C. W. Cognitive style and its relevance for management practice. **British Journal of Management**, v. 5, n. 1, p. 53-71, 1994.

14. Albrecht, K. **O poder das mentes em ação**. Rio de Janeiro: Campus, 2003.

15. Moresi, E. A. D. Delineando o valor do sistema de informação de uma organização. **Ciência da Informação**, Brasília, v. 29, n. 1, p. 14-24, 2000.

16. Davenport, T. H.; Prusak, L. **Working knowledge**: how organizations manage what they know. Boston: Harvard Business School Press, 1998.

17. Tholt, C. **Decida com inteligência**. Brasília: Thesaurus, 2006.

18. Choo, C. W. **Information management for the intelligent organization**: the art of scanning the environment. 2. ed. Medford, NJ: Information Today, Inc, 1998.

19. Lopes, I. Estratégia de busca na recuperação da informação: revisão da literatura. **Ciência da Informação**, Brasília, v. 31, n. 2, p. 60-71, maio/ago. 2002.

20. Moresi, E. A. D. Inteligência organizacional: um referencial integrado. **Ciência da Informação**, Brasília, v. 30, n. 2, p. 35-46, 2001.

21. Xu, J. J.; Chen, H. C. Crimenet explorer: a framework for criminal network knowledge discovery. **ACM Transactions on Information Systems**, v. 2, n. 23, p. 221-226, Apr. 2005.

22. Ferro Júnior, C. M. **Inteligência organizacional, análise de vínculos e a investigação criminal**: um estudo de caso na polícia civil do Distrito Federal. 137 f. Dissertação (Mestrado em Gestão do Conhecimento e Tecnologia da Informação) – Universidade Católica de Brasília, Brasília, 2007. Disponível em: <http://www.bdtd.ucb.br/tede/tde_busca/arquivo.php?codArquivo=746>. Acesso em: 9 ago. 2010.

23. Choo, C. W. **A organização do conhecimento**: como as organizações usam a informação para criar significado, construir conhecimento e tomar decisões. São Paulo: Senac, 2003.

24. Tornatzky, L.; Fleischer, M. **The process of technological innovation**. Lexington, MA: Lexington Books, 1990.

25. Daft, R. L. **Organizações, teoria e projetos**. São Paulo: Cengage Learning, 2003.

26. Serra, F. A. R.; Torres, M. C. S.; Torres, A. P. **Administração estratégica**: conceitos, roteiro prático e casos. Rio de Janeiro: Reichmann & Affonso, 2003.

27. Mintzberg, H.; Quinn, J. B. **O processo da estratégia**. 3. ed. Porto Alegre: Bookman, 2001.

28. Kirn, S. **Organisational intelligence and distributed AI**. Germany: University of Munster: Institute of Business Informatics, 1995.

29. Garvin, D. A. Construção da organização que aprende. In: Harvard Business Review (Org.). **Gestão do conhecimento**. 6. ed. Rio de Janeiro: Campus, 2001.

30. Argyris, C. **Comunicação eficaz na empresa**: como melhorar o fluxo de informações para tomar decisões. São Paulo: Campus, 1999.

31. Witzel, M. **50 grandes estrategistas de administração**. Trad. de Paulo Cezar Castanheira. São Paulo: Contexto, 2005.

32. Argyris, C.; Schön, D.A. **Organizational learning**: a theory of action perspective. Reading: Addison Wesley, 1978.

33. Kofman, F. **Metamanagement**: a nova consciência dos negócios. São Paulo: Willis Harman House, 2002. 3 v.

34. Goh, S.; Richards, G. Benchmarking the learning capability of organizations. **European Management Journal**, v. 5, n. 5, p. 575-583, Oct. 1997.

35. Garvin, D. A. Building a learning organization. **Harvard Business Review**, v. 71, n. 4, p. 78-92, July/Aug. 1993.

36. Carrol, J. S.; Rudolph, J. W.; Hatakenaka, S. **Organizational learning from experience in high-hazard industries**: problem investigations as off-line reflective practice. Mar. 2002. Disponível em: <http://dspace.mit.edu/bitstream/handle/1721.1/1600/Organizational+Learning+from+Experience+4359-02.pdf?sequence=1>. Acesso em: 9 ago. 2010.

37. Echeverria, R. **Ontologia del language**. Santiago de Chile: Dolmen, 1998.

38. Baldissera, R. **Comunicação organizacional**: o treinamento de recursos humanos como rito de passagem. São Leopoldo: Ed. da Unisinos, 2000.

39. Robbins, S. P. **Comportamento organizacional**. 9. ed. São Paulo: Prentice Hall, 2002.

40. Kunsch, M. M. K. **Obtendo resultados com relações públicas**. São Paulo: Pioneira, 1997.

41. Giglioti, F. **Reflexos da comunicação formal e informal na estrutura organizacional das empresas**. In: Congresso Internacional de Administração, 2008, Ponta Grossa, Paraná. Disponível em: <http://www.admpg.com.br/2008/cadastro/artigos/temp/49.pdf. Acesso em: 10 ago. 2010.

Andrea Valéria Steil
Maria Terezinha Angeloni

Capítulo 4
Alinhamento de estratégias, aprendizagem e conhecimento organizacional

Maria Terezinha Angeloni

Doutora em Administração, na área de concentração de Sistemas de Informação e Decisão, pela Université Pierre-Mendès-France, Université Grenoble II, França (1994), mestre em Administração pela mesma universidade (1992) e graduada em Administração pela Universidade Federal de Santa Catarina – UFSC (1975). Atuou como vice-presidente e presidente do Conselho Científico da Sociedade Brasileira de Gestão do Conhecimento–SBGC de 2005 a 2007. Foi empresária no ramo de alimentos e sócia da Romani & Angeloni Consultores Associados. Atualmente é professora e pesquisadora da Universidade do Sul de Santa Catarina – Unisul e consultora da Dhromos, de Santa Catarina.

Coordenou vários livros:

** "Organizações do conhecimento", publicado em 2002 pela Saraiva e reeditado em 2008.*

** "Gestão do conhecimento no Brasil", publicado em 2008 pela Qualitymark.*

** "Formular, implementar e avaliar estratégias", publicado em 2008 pela Saraiva.*

Andrea Valéria Steil

Doutora em Engenharia de Produção pela Universidade Federal de Santa Catarina – UFSC (2002), mestre em Administração (1996) e graduada em Psicologia (1990) pela mesma universidade. Foi pesquisadora visitante na University of South Florida, EUA, de 1993 a 1995. É diretora-presidente do Instituto Stela, instituição de C&T, sem fins lucrativos, que atua em pesquisa e desenvolvimento de sistemas baseados em conhecimento. É professora do Programa de Pós-graduação em Engenharia e Gestão do Conhecimento da UFSC, universidade em que atuou como gerente de processos do Laboratório de Ensino a Distância – LED de 1999 a 2004. É autora do livro "Competências e aprendizagem organizacional", publicado pelo Instituto Stela em 2006. É membro da WorldatWork e da Sociedade Brasileira de Gestão do Conhecimento – SBGC.

Resumo

Neste capítulo, pretende-se esclarecer a utilização dos principais termos criados para descrever os processos de aprendizagem e conhecimento em organizações. Tenta-se analisar e responder as seguintes questões: Quais as similaridades e as diferenças conceituais entre aprendizagem organizacional, organizações de aprendizagem, conhecimento organizacional e gestão do conhecimento organizacional? Qual a relação conceitual entre estratégias organizacionais e estratégias de aprendizagem/conhecimento? Desenvolve-se aqui um mapeamento da literatura relevante das áreas citadas e, em seguida, apresentam-se argumentos sobre a inter-relação entre as escolas da aprendizagem organizacional e da gestão do conhecimento organizacional. Por fim, compara-se o alinhamento de estratégias de negócios com as estratégias de aprendizagem/conhecimento em organizações. Como conclusão, tem-se que a aprendizagem organizacional e o conhecimento organizacional possuem agendas de pesquisa ao mesmo tempo complementares e sobrepostas. A aprendizagem organizacional focaliza a aprendizagem como um processo de mudança em uma perspectiva multinível. Esse processo gera como produto o conhecimento organizacional, que, por sua vez, influencia novos processos de aprendizagem na organização. Propõe-se aqui estudar o alinhamento de estratégias de negócios com as estratégias de aprendizagem/conhecimento.

Introdução

Diferentes abordagens têm sido dedicadas ao desenvolvimento de teorias que procuram explicar as razões da vantagem competitiva de organizações[1].

A abordagem baseada em RECURSOS DA ORGANIZAÇÃO adota como unidade principal de análise os recursos e as capacidades controladas pela própria organização. Estes dizem respeito a todos os atributos organizacionais que possibilitam a concepção e a implementação de estratégias, incluindo recursos financeiros, físicos, humanos e organizacionais[2]. As implicações empíricas da abordagem baseada em recursos têm sido examinadas especialmente na área da gestão estratégica e da aprendizagem organizacional (AO). Estudos empíricos mostraram que a cultura organizacional[3] e os atributos únicos de uma corporação[4] foram determinantes mais importantes para seu desempenho do que a estrutura da indústria da qual a organização faz parte[5]. Mais recentemente, foi identificada empiricamente a existência de uma relação entre AO e inovação e entre AO e desempenho financeiro[6].

Apesar de ainda incipientes, e não sem controvérsias na análise organizacional[7], esses resultados empíricos agregam elementos para substanciar os enunciados da abordagem baseada em recursos e para reforçar a compreensão do conhecimento como um dos princípios mais importantes para as organizações[8].

Diferentemente dos recursos tradicionais, a maioria dos recursos humanos e organizacionais, tais como a experiência, o julgamento, a confiança, a reputação, o trabalho em equipe[2], a capacidade de aprender coletivamente, entre outros, não podem ser comprados no mercado[9]*. Em função disso, a competitividade e o crescimento da organização têm sido considerados limitados, no curto prazo, pelo conhecimento e pela competência que a organização possui em um dado momento[11].

As áreas do conhecimento dedicadas à compreensão do processo de transformação dos conhecimentos individuais em ações direcionadas ao alcance dos objetivos organizacionais[12], à compreensão e à conceitualização da natureza do conhecimento organizacional[13] são, respectivamente, a AO e o conhecimento organizacional.

A aprendizagem e o conhecimento são dois construtos que representam capacidades organizacionais, relacionadas por um processo interativo de reforço mútuo. Enquanto a aprendizagem (o PROCESSO) produz novo conhecimento (o CONTEÚDO), esse conhecimento gerado impacta na aprendizagem futura[14]. Levando-se em consideração esses argumentos, espera-se um alinhamento entre os processos de AO e a criação de conhecimento com a estratégia organizacional. Abordagens com foco mais prático, como gestão do conhecimento (GC) e organizações de aprendizagem, também têm se estabelecido com o objetivo de potencializar a utilização do conhecimento para gerar vantagens competitivas. Empresas de consultoria têm adicionado em seu portfólio de serviços "soluções em gestão do conhecimento" e

* *Sveiby[9] argumenta que o conhecimento do trabalhador pode ser apenas "alugado" pela organização sob a forma de salários e compensações diversas. Olian et al.[10] apresentam uma visão distinta, segundo a qual a organização efetivamente "compra" o conhecimento por meio da contratação de pessoal e das patentes geradas por pesquisa e desenvolvimento financiados pela organização.*

"modelos para o desenvolvimento de organizações de aprendizagem". Com a diversificação de perspectivas relativas ao entendimento e à prática associada à vantagem competitiva e, particularmente, à questão da aprendizagem e do conhecimento organizacional, houve um uso indiscriminado de termos, já consolidados teoricamente, com significados distintos dos originalmente concebidos.

Considerando-se o estado atual das pesquisas, emergem as seguintes questões: Quais as similaridades e as diferenças conceituais entre AO e conhecimento organizacional e entre suas contrapartes organizações de aprendizagem e GC? Qual a relação conceitual entre estratégia, AO e conhecimento organizacional?

É objetivo deste capítulo contribuir para esclarecer a utilização dos principais termos criados para descrever os processos de aprendizagem e o conhecimento em organizações. É apresentado e discutido um esquema conceitual de integração entre AO e conhecimento organizacional e suas contrapartes práticas. Tenta-se aprofundar também a discussão relativa ao coalinhamento entre a estratégia de aprendizagem/conhecimento de uma organização e sua estratégia de negócios.

Compreendendo os domínios

Aprendizagem organizacional

A AO originou-se como uma metáfora e, como tal, possibilitou a geração de *insights* que levaram à identificação de hipóteses de mecanismos causais plausíveis. Com as pesquisas iniciais datadas da década de 1960 e os avanços teóricos obtidos até hoje, a AO consolidou-se como disciplina e adquiriu legimitidade nos estudos organizacionais. Apesar de este ter sido um processo lento, atualmente ela é amplamente reconhecida. Há uma visão consolidada de que as organizações possuem conhecimento, aprendem ao longo do tempo e que sua base de conhecimento e seu capital social são ativos valorosos[13].

O destaque acadêmico que a AO tem merecido deve-se, em parte, à compreensão das condições de manutenção e crescimento das organizações diante dos desafios da era da informação e do conhecimento. Mais especificamente, conforme ressalta Bontis[15], as pesquisas em AO buscam conectar o posicionamento de recursos internos com oportunidades externas e os *links* correspondentes com o desempenho organizacional.

Embora a AO já se tenha consolidado como área de conhecimento, ainda não corresponde a um corpo teórico unificado, em razão, possivelmente, de seu caráter multidisciplinar[16]. Contribuições das disciplinas de psicologia e desenvolvimento organizacional, ciência administrativa, sociologia e teoria organizacional, estratégia, gerenciamento da produção e antropologia cultural têm gerado aportes tanto em nível complementar como competitivo[17].

Em termos científicos, a AO refere-se ao estudo dos processos de aprendizagem das organizações[13]. Para a definição de AO, este capítulo alinha-se com um número crescente de pesquisadores – por exemplo, Argyris e Schön[18], para quem o processo de aprendizagem envolve tanto mudanças cognitivas quanto comportamentais. Pessoas e grupos aprendem por meio da compreensão, que gera uma ação ou, pelo caminho inverso, primeiro por agirem e depois interpretarem a ação empreendida[14].

A AO é, portanto, um processo[18], uma construção social que transforma o conhecimento criado pelo indivíduo em ações institucionalizadas em direção aos objetivos organizacionais[12]. O resultado do processo de aprendizagem é a criação de conhecimento individual, grupal e organizacional[19].

As diferentes abordagens aplicadas baseiam-se sobre algumas suposições, frequentemente implícitas, sobre a questão do lócus (níveis de análise) da aprendizagem cognitiva e comportamental e da sua relação com o desempenho[20].

Níveis de análise – o lócus da aprendizagem organizacional

O nível de análise diz respeito ao agente específico da AO[21]. Com relação a esse aspecto, observa-se uma convergência sobre a diferenciação entre o fenômeno que ocorre em nível individual e aquele que ocorre em nível grupal, organizacional e interorganizacional[20;22].

Os níveis de análise voltados a indivíduo, grupo e organização estão bem estabelecidos na literatura de AO, e o nível interorganizacional tem recebido crescente atenção de pesquisadores. Na unidade de análise relativa ao INDIVÍDUO, o foco é direcionado à aprendizagem individual realizada no contexto organizacional. Essa visão baseia-se no pressuposto de que o conhecimento só pode ser criado por indivíduos, sendo a aprendizagem individual a base para a AO.

Na unidade de análise seguinte, o agente da aprendizagem é o GRUPO no CONTEXTO ORGANIZACIONAL. Conforme a lógica subjacente aos estudos dos processos de aprendizagem em grupos, a criação e a aquisição de conhecimentos pelo indivíduo são indispensáveis, mas insuficientes para a AO. Além de constituir o *link* entre aprendizagem individual e organizacional, os grupos configuram-se no sistema social interveniente, no qual ocorre o compartilhamento, a aprendizagem e o comportamento organizacional[23].

No terceiro nível de análise, o foco é centrado na ORGANIZAÇÃO. Os estudos no nível de análise organizacional reconhecem a necessidade da aprendizagem individual e de grupos como fundamental à AO, mas reforçam que a AO significa mais do que a soma agregada da aprendizagem de pessoas e grupos[24]. Snyder e Cummings[25: p.875] propõem uma síntese da relação entre aprendizagem individual e organizacional:

> *indivíduos aprendem em organizações, mas esta aprendizagem pode ou não contribuir para a aprendizagem organizacional. A aprendizagem é organizacional na medida em que: 1) é realizada para alcançar propósitos organizacionais; 2) é compartilhada ou*

distribuída entre os membros da organização; e 3) os resultados da aprendizagem são incorporados em sistemas, estruturas e na cultura organizacional.

Primordial para a AO é o processo de institucionalização. A identificação da ocorrência da AO, portanto, ocorre por meio da análise das mudanças institucionalizadas em nível organizacional. Outro aspecto que diferencia a AO da aprendizagem individual e de grupos na organização é que na AO as estruturas cognitivas e os padrões de comportamento mantêm-se a despeito da rotação de pessoal[21]. A incorporação do conhecimento individual no capital de conhecimento da organização[26] baseia-se na premissa de que as organizações podem ser representadas por padrões de interação entre indivíduos que tendem a perdurar, mesmo quando alguns destes deixam a organização[27].

A aprendizagem no nível INTERORGANIZACIONAL, agregada mais recentemente ao escopo da AO, refere-se à aprendizagem organizacional derivada de um processo ativo de cooperação de uma organização com uma (díade) ou mais organizações (redes organizacionais)[21]. A principal questão de pesquisa ao nível interorganizacional é como sistemas de conhecimentos externos à organização podem apoiar a AO[28].

Finalmente, é preciso destacar que os limites entre os níveis de análise são fluidos e conceituais, enquanto na realidade empírica se encontram estritamente relacionados. Em função desse aspecto, na prática, é difícil delimitar exatamente quando começa e quando termina uma unidade de aprendizagem[29].

Aspectos cognitivos e comportamentais da aprendizagem

A discussão sobre a natureza da aprendizagem em organizações refere-se a um processo de mudança cognitiva e/ou comportamental que derivou de um debate histórico entre psicólogos cognitivistas e behavioristas[18;30].

A partir da abordagem cognitivista, a AO se desenvolveu em direções nem sempre convergentes, mas há um consenso com relação à compreensão da aprendizagem como alterações sistemáticas em estruturas cognitivas e estados de conhecimento[31]. Nesse contexto, os estados de conhecimento individual configuram-se na base cognitiva para novos conhecimentos, individuais ou organizacionais.

A abordagem behaviorista, por outro lado, defende a impossibilidade de se compreenderem os estados mentais. Para eles, a aprendizagem equaciona-se com a mudança de comportamento, em função da exposição do indivíduo a estímulos provenientes do mundo exterior em uma situação específica. Esse estímulo é considerado um insumo para a aprendizagem, que gera uma modificação observável no comportamento, um comportamento "melhorado" ou novo. A aprendizagem se dá por tentativa e erro e gera uma melhor adaptação do indivíduo ao meio[32].

Nas abordagens descritivas da AO, a perspectiva cognitiva é dominante, mas há autores que propõem modelos integrados, uma vez que existem situações em que mudanças comportamentais se impõem aos indivíduos, podendo configurar-se em um mecanismo de revisão de estruturas de conhecimento[31]. Hamel e Prahalad[33], por exemplo, apresentam uma abordagem integrada, argumentando que o processo de aprendizagem deve ser convertido na aquisição de competências que permitam à organização ser mais eficiente do que seus competidores.

Após analisar as contribuições das abordagens cognitivas e comportamentais à AO, Inkpen e Crossan[30] afirmam que cognição e comportamento são tão entrelaçados que é tarefa contraproducente definir a AO como uma mudança cognitiva ou comportamental.

Organização de aprendizagem

Uma análise da literatura sobre aprendizagem e organizações evidencia que as expressões *aprendizagem organizacional* e *organizações de aprendizagem* são utilizadas por alguns autores com o mesmo significado. Apesar disso, salienta-se que existe uma clara distinção entre as duas expressões[34]. As pesquisas em APRENDIZAGEM ORGANIZACIONAL objetivam descrever e compreender processos e comportamentos, sendo pautadas pelo rigor científico (ABORDAGEM DESCRITIVA). Nos escritos sobre ORGANIZAÇÕES DE APRENDIZAGEM, por outro lado, propõe-se um estado ideal, um conjunto de recomendações, baseado principalmente em experiências de empresas de consultoria sobre as melhores práticas para uma organização que aprende (ABORDAGEM PRESCRITIVA)[31].

As principais diferenças entre as abordagens sobre AO e as relativas a organizações de aprendizagem são destacadas no quadro a seguir.

Quadro 4.1 – Principais diferenças entre as abordagens relacionadas à aprendizagem organizacional e as referentes à organização de aprendizagem

	Trabalhos descritivos sobre aprendizagem organizacional	**Trabalhos prescritivos sobre organizações de aprendizagem**
Questão principal	Como uma organização aprende?	Como uma organização deve aprender?
Audiência	Acadêmicos	Praticantes
Objetivo	Desenvolvimento de teorias	Aumento do desempenho organizacional
Fonte da informação	Levantamento sistemático de dados	Experiência de consultoria

(continua)

(Quadro 4.1 – conclusão)

	Trabalhos descritivos sobre aprendizagem organizacional	Trabalhos prescritivos sobre organizações de aprendizagem
Metodologia	Métodos científicos rigorosos	Pesquisa-ação e estudos de casos superficialmente delineados
Generalização	Consciente dos fatores que limitam a generalização dos resultados	Tendência a supergeneralizar a teoria, aplicando-a a todos os tipos de situações organizacionais
Resultado da aprendizagem	Mudança potencial de comportamento	Mudança de comportamento imediata
Relação entre aprendizagem e desempenho	Pode ser positiva ou negativa	Assumida como positiva

Fonte: Tsang[34].

Observa-se que a agenda dos autores que escrevem sobre organizações de aprendizagem é mais prática do que científica, sendo mais voltada para gestores em busca de prescrições para a resolução de problemas organizacionais do que propriamente para pesquisadores[13]. Em função desse aspecto, encontra-se frequentemente presente em trabalhos sobre organizações de aprendizagem um discurso sobre a necessidade da aprendizagem contínua e da renovação constante como o caminho para a adaptação a mudanças e a redefinição do futuro organizacional.

Conhecimento organizacional

No caso do conhecimento organizacional, trata-se de um construto firmemente estabelecido. Apoia-se na teoria baseada no CONHECIMENTO DA EMPRESA[8], uma extensão da teoria baseada em RECURSOS da empresa[35]. Para a teoria baseada no conhecimento da empresa, o propósito fundamental de uma organização é a criação e a aplicação do conhecimento[36;37], de modo a garantir-lhe vantagem competitiva.

Para desenvolver uma teoria na qual a criação e a aplicação do conhecimento sejam a razão da existência da organização, alguns autores têm se engajado na busca da compreensão e da conceitualização da natureza do conhecimento presente nas organizações[14]. Por essa razão, muitas discussões estão relacionadas com as distinções entre conhecimento individual e organizacional, bem como com tipologias e taxonomias sobre conhecimento[13].

Além das contribuições acerca do que seja o conhecimento e de como se torna uma vantagem competitiva sustentável, na literatura sobre conhecimento organizacional também se estuda o processo por meio do qual o conhecimento é criado, desenvolvido, armazenado e transferido.

Outro aspecto presente nas discussões sobre o conhecimento organizacional é a sua diferença em relação à informação. Segundo Smit e Tálamo[38], a informação, também denominada *conhecimento explícito*, pode ser socializada e objetivada, enquanto o conhecimento implícito, também denominado *conhecimento tácito*, é de construção pessoal e difícil de ser transferido. Existe um constante diálogo entre informação e conhecimento, termos que, mesmo não podendo ser assimilados como sinônimos, são interligados e complementares, principalmente para a abordagem cognitivista. Nesta, segundo Belkin e Robertson[39], a transformação de conhecimento em informação e vice-versa acontece quando ocorrem transformações de estruturas. Esses autores consideram a informação capaz de transformar estruturas, estando ela estritamente relacionada com a produção e a circulação do conhecimento.

Gestão do conhecimento

Terra[40] sublinha o "caráter universal" da GC, considerando sua aplicabilidade em empresas de todos os portes e nacionalidades. Hansen, Nohria e Tierney[41] asseveram que a GC sempre existiu, pois proprietários de negócios familiares preocupavam-se em compartilhar sua sabedoria comercial entre seus membros. Para os referidos autores, a inovação consiste apenas na prática "consciente" da GC. O mesmo ponto de vista é compartilhado por Davenport e Prusak[42], ao considerar que bons gerentes sempre valorizam a experiência e o *know-how* de seus colaboradores, isto é, seus conhecimentos.

O interesse pela GC tem gerado uma grande quantidade de trabalhos científicos e práticos em diferentes áreas do conhecimento. Esses trabalhos foram classificados por Alvarenga Neto[43] em cinco grandes blocos:

i. O primeiro bloco de trabalhos está alinhado à gestão da informação e à ciência da informação, apoiado nos trabalhos de Bergeron[44], Davenport e Cronin[45] e Saracevic[46]. Esses estudos focalizam aspectos relativos à coleta, ao tratamento, à organização, à indexação, à recuperação e à disseminação da informação, bem como aspectos intrinsecamente ligados a questões técnicas, tais como: tesauros, taxonomias, ontologias, vocabulários controlados, sintagmas, mapas conceituais, entre outros.

ii. O segundo bloco de estudos da GC abrange trabalhos sobre gestão de recursos e talentos humanos, sustentado nos trabalhos de Argyris e Schön[18], Duguid e Brown[47], Le Boterf[48;49], McClelland[50], Senge[51], Wenger e Snyder[52] e Zarifian[53].

iii. O terceiro bloco de estudos, conforme Alvarenga Neto[43], tem seu foco na contabilidade e na área financeira. Está representado, entre outras publicações, por Edvinsson e Malone[54], Stewart[55] e Sveiby[9], os quais se ocupam de métricas e mensuração de ativos intangíveis, da contabilização do valor do capital intelectual e do reconhecimento do capital estrutural.

iv. O quarto bloco relaciona-se com os estudos em inteligência empresarial e competitiva, no qual se destacam os trabalhos de Choo[56], Daft e Weick[57] e Miller[58]. Esses estudos são direcionados ao ambiente organizacional, como fonte de informações; inteligência direcionada ao concorrente; inteligência competitiva, empresarial e social; e gerenciamento de questões estratégicas.

v. Finalmente, o quinto bloco envolve os estudos direcionados para a criação de conhecimento e a gestão da inovação, no qual se destacam os escritos de Davenport e Prusak[42], Leonard-Barton[59], Nonaka e Takeuchi[37], Von Krogh, Ichijo e Nonaka[60], Wiig[61], entre outros.

Contudo, as classificações dos estudos relacionados à GC não são realizadas apenas com base nas áreas do conhecimento que originaram ou inspiraram os estudos. Outra classificação, bastante divulgada em função do número de autores que a suporta, subdivide as abordagens de GC em FUNCIONALISTA e INTERPRETATIVA. A primeira privilegia o conhecimento explícito, tratando-o como "objeto" gerenciável[62]. A segunda enfoca o conhecimento tácito, tendo como princípio a construção de um ambiente que privilegia a interação entre os indivíduos por meio da criação do contexto capacitante, e trata o conhecimento como um "processo"[60;63]. Essa classificação explicita uma incomensurabilidade dessas duas visões acerca do conhecimento, gerando discussões em relação à GC como área científica. Discute-se, por exemplo, se o conhecimento é gerenciável ou não e qual seu provável papel para as organizações. Para a visão interpretativa, uma organização se encarrega de criar o contexto capacitante, ou seja, as condições facilitadoras para a criação do conhecimento[60].

Decorrentes de uma compreensão funcionalista ou interpretativa da natureza do conhecimento, alguns estudos em GC centralizam mais a tecnologia ou as pessoas. Os autores que escrevem sobre GC na perspectiva da tecnologia têm como objetivo criar formas de disseminar e ampliar o conhecimento, de modo a aumentar o desempenho organizacional com o apoio de diferentes tecnologias[13].

Fundamentados em diferentes visões acerca da natureza do conhecimento, os conceitos existentes de GC focalizam-no como objeto gerenciável frequentemente apoiado por tecnologias. Por outro lado, enfatizam a organização como ambiente natural da GC, que privilegia a interação dos indivíduos. Exemplos da primeira abordagem incluem Wiig[61], o qual considera a GC como construção sistemática, explícita e intencional do conhecimento, maximizando sua aplicação para a eficiência e o retorno sobre os ativos de conhecimento da organização. Para Davenport e Prusak[42], a GC é o conjunto de processos que objetiva governar a criação, a disseminação e o uso do conhecimento para atingir os objetivos organizacionais. Já na segunda abordagem, Duguid e Brown[47] consideram que as relações entre organização e conhecimento devem ser estudadas na dimensão social e na perspectiva de aplicação prática.

Em face das diferentes visões, torna-se importante compreender os limites da tecnologia da informação. A gestão do conhecimento codificado e explícito pode se beneficiar fortemente do suporte tecnológico[64;65]. Mas, se grande parte do conhecimento organizacional é de natureza tácita (não sendo, portanto, facilmente codificado, estruturado e, principalmente, armazenado em suporte tecnológico), há de se focalizarem os esforços na relação direta com seus detentores.

Diante da multiplicidade de estudos e da multidisciplinaridade da área, não são de estranhar os inúmeros conceitos de GC e a inexistência de consenso. Enquanto em algumas abordagens as soluções tecnológicas são ressaltadas por meio do conceito de armazenamento e reaproveitamento de conhecimento, em outras, o elemento humano é mais valorizado em função do compartilhamento e da geração de novas ideias. Essa situação é agravada pelo fato de que cada campo de estudo clama para si a articulação definitiva do conceito[45]. Se, por um lado, fica evidente a riqueza do tema, por outro, a muldisciplinaridade gera estudos que se complementam, se sobrepõem e mesmo se contrapõem, abrindo uma diversidade de caminhos que podem ser trilhados nas lides com o conhecimento nas organizações. Diante dessa realidade, ressalte-se a importância da continuidade das pesquisas científicas sobre o tema, especialmente as multiparadigmáticas[66], caminhando rumo ao desenvolvimento de uma abordagem teórica integrativa.

Relações e limites entre os construtos *aprendizagem e conhecimento*

Inicialmente, é preciso analisar a relação entre os construtos *aprendizagem* e *conhecimento*, tal como utilizados na literatura sobre aprendizagem e conhecimento organizacional. Conforme já destacado na introdução deste capítulo, aprendizagem e conhecimento estão relacionados por meio de um processo interativo e de reforço mútuo.

A visão adotada neste capítulo está em consonância com a de Vera e Crossan[14], que a explicitaram na proposição de que a aprendizagem é o processo por meio do qual o conhecimento é criado e desenvolvido. O conhecimento existente impacta na aprendizagem futura. Nas organizações, esse impacto ocorre porque o resultado das aprendizagens que chegaram ao estágio de institucionalização no nível organizacional se imbrica em sistemas, estruturas, rotinas, práticas e normas da instituição[67]. O conhecimento impacta especialmente sobre como os grupos mantêm sua compreensão compartilhada e como as pessoas interpretam o seu ambiente, desenvolvem *insights*, tomam decisões e resolvem problemas[68].

A partir da delimitação da compreensão dos construtos *aprendizagem* e *conhecimento* no cenário das pesquisas em AO e conhecimento organizacional, segue-se para uma discussão acerca das relações e dos limites entre esses dois construtos e domínios.

Com base em duas dicotomias comuns na análise organizacional, Easterby-Smith e Lyles[13] oferecem um mapeamento inicial para explicitar algumas diferenças entre as expressões *aprendizagem organizacional*, *organizações de aprendizagem*, *conhecimento organizacional* e *gestão do conhecimento* (Figura 4.1).

A PRIMEIRA DICOTOMIA – teoria *versus* prática – explicita interesses e objetivos distintos entre os membros da academia e aqueles que atuam em organizações como gestores ou consultores (denominados *praticantes*). A diferenciação entre pesquisas e publicações sobre AO e organizações de aprendizagem já foi delineada anteriormente. Entretanto, a diferenciação entre pesquisas e publicações sobre conhecimento organizacional e sobre GC não pode ser analisada completa e unicamente pelos extremos dessa dicotomia. Conforme será visto com mais detalhes, embora a GC tenha iniciado como uma "prática" e com um viés fortemente prescritivo, gradativamente ela se tem estabelecido como disciplina científica. As pesquisas em GC têm buscado aportes teóricos de diferentes áreas do conhecimento já estabelecidas. De forma interdisciplinar, a GC tem procurado consolidar-se como ciência, distanciando-se das abordagens de simples instrumentalização tecnológica e prescrições para a construção de organizações do conhecimento.

A SEGUNDA DICOTOMIA utilizada por Easterby-Smith e Lyles[13] – processo *versus* conteúdo – refere-se, respectivamente, aos processos de aprendizagem e ao conteúdo gerado a partir desse processo. Em consonância com o que foi exposto no início desta seção, a Figura 4.1 sugere que a AO é a área do conhecimento que procura desenvolver um corpo teórico explicativo dos processos de aprendizagem "nas" e "das" organizações. Nos escritos balizados pela abordagem das organizações de aprendizagem, procura-se descrever as características das organizações consideradas "que aprendem" como tipo ideal e prescrever ações para o aumento dessa capacidade de aprendizagem (utilizando ou não os conhecimentos sobre os processos de aprendizagem "nas" e "das" organizações).

Figura 4.1 – Mapeamento preliminar de domínios com base nas dicotomias teoria *versus* prática e processo *versus* conteúdo

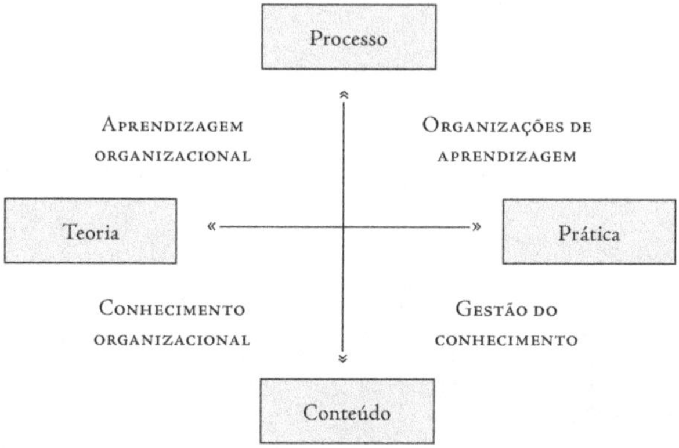

Fonte: Easterby-Smith; Lyles[13: p.3].

A distinção entre conhecimento organizacional e GC ao longo da dicotomia processo *versus* conteúdo implícita na Figura 4.1 segue lógica similar. Os autores que escrevem sobre conhecimento organizacional procuram compreender e definir a natureza do conhecimento já existente em organizações. A Figura 4.1 também sugere que a GC se preocupa com o delineamento de modelos de gestão com vistas à disseminação e ao incremento desse conhecimento como meio para o alcance da vantagem competitiva organizacional.

Easterby-Smith e Lyles[13] reconhecem também algumas limitações do uso das dicotomias citadas para a compreensão dos termos e dos domínios, mas consideram que essas dicotomias ainda são úteis para a geração de *insights*. Pode-se afirmar que, no estágio atual de desenvolvimento dessas áreas do conhecimento, essas dicotomias servem para suscitar discussões e auxiliar na compreensão dos domínios cobertos.

Vera e Crossan[14] discutiram explicitamente a questão dos limites entre os domínios científicos da AO e do conhecimento organizacional (Figura 4.2).

Figura 4.2 – Limites entre os domínios da aprendizagem organizacional e do conhecimento organizacional

Fonte: Vera; Crossan[14: p.127].

Conforme se visualiza na Figura 4.2, os limites entre as áreas de AO e conhecimento organizacional são fluidos; trata-se de áreas complementares e sobrepostas. Alguns pontos dos limites entre esses domínios são destacados por Vera e Crossan[14]:

i. Cada área possui um componente de literatura prescritiva. Na área de AO, essa diferenciação está claramente estabelecida, o que está ainda para ser feito na área de conhecimento organizacional.
ii. A área de conhecimento organizacional preocupa-se primordialmente com a compreensão da natureza do conhecimento como um ativo (ou estoque), no caso, o conteúdo, o

conhecimento estático, enquanto a AO enfatiza o processo por meio do qual o conhecimento muda (fluxos, processos).

iii. Na literatura de AO há um consenso crescente de que a aprendizagem "nas" e "das" organizações requer mudanças cognitivas e comportamentais. Na literatura sobre conhecimento organizacional, a abordagem cognitiva é dominante, embora essa área já esteja começando a incorporar a orientação à ação e à utilização do conhecimento.

iv. Outro ponto de sobreposição decorre do fato de a aprendizagem também ter sido definida em termos de processos de conhecimento. De forma complementar, a visão de conhecimento estático está gradativamente sendo substituída pela dinâmica do *knowing*.

v. Quando estudados a partir de uma perspectiva social construtivista, a AO e o conhecimento organizacional compartilham do reconhecimento de que a aprendizagem e o *knowing* estão situados na prática, gerando uma agenda de pesquisas alinhada entre as duas áreas do conhecimento.

vi. Outro aspecto de sobreposição das áreas refere-se ao desenvolvimento de teorias que conectam os níveis de análise, especificando os microprocessos por meio dos quais a aprendizagem e o conhecimento em determinado nível se transformam em aprendizagem e conhecimento em outro.

vii. Por fim, a área de AO tem se dedicado mais explicitamente à compreensão de um sistema de aprendizagem ou de uma infraestrutura de aprendizagem que consiste no imbricamento da aprendizagem na estratégia, na estrutura, na cultura, em sistemas e procedimentos da organização.

Para Vera e Crossan[14], as duas áreas apresentam agendas complementares e, às vezes, sobrepostas. A AO focaliza a aprendizagem como um processo de mudança (cognitiva e comportamental) sob uma perspectiva multinível. Esse processo gera como produto o conhecimento, que, por sua vez, influencia novos processos de aprendizagem. A área de conhecimento organizacional enfatiza o conhecimento como recurso que proporciona vantagem competitiva, além do estudo dos processos associados com o seu gerenciamento. Cada área apresenta uma linha de trabalhos dedicados ao desenvolvimento de modelos mais práticos e prescritivos, bem como artefatos específicos, voltados aos praticantes em organizações e enfatizando como as organizações deveriam aprender e gerenciar seu conhecimento de forma efetiva.

Alinhamento das estratégias organizacionais com as estratégias de aprendizagem/conhecimento

Ao falar-se em estratégia, é importante voltar o olhar ao trabalho de Mintzberg, Ahlstrand e Lampel[69] que apresenta as diferentes "escolas" da formação de estratégias. O presente estudo se atém apenas à análise da escola da aprendizagem, que destaca o papel da criação do conhecimento. Com base em Nonaka e Takeuchi[37], propõe-se que a essência da estratégia está no desenvolvimento da capacidade organizacional para adquirir, criar, acumular e explorar o conhecimento. Deve-se levar em conta que o conhecimento é criado somente por indivíduos, sendo o papel da organização o de facilitar esse aprendizado.

Conner e Prahalad, citados por Mintzberg, Ahlstrand e Lampel[69], defendem que uma visão baseada no conhecimento é a essência da perspectiva baseada em recurso. De acordo com essa visão, são considerados recursos todos os ativos, capacidade, processos organizacionais, informações, conhecimentos etc. controlados pela empresa que possibilitem a ela criar e seguir uma estratégia[2]. Destaca-se ainda a visão da competição baseada nos recursos e competências organizacionais[70;71], segundo a qual os recursos precisam ter quatro características: valor, raridade, inimitabilidade e insubstituibilidade. Em outras palavras, o recurso precisa ser valioso para ser estratégico, e só é estratégico quando raro e difícil de imitar. Um recurso pode ser raro e inimitável, mas não será estratégico se os concorrentes puderem encontrar um substituto.

Tendo em vista a questão central tratada neste capítulo, a ênfase direciona-se à importância do alinhamento das estratégias de aprendizagem/conhecimento com as estratégias de negócios da organização.

É relevante, na literatura, o número de estudos relativos ao alinhamento das estratégias de negócios com as estratégias de tecnologia da informação[72;73;74]. Entretanto, o mesmo não ocorre com os estudos sobre o alinhamento de estratégias de negócios com as estratégias de aprendizagem/conhecimento.

Os construtos de estratégia de aprendizagem e estratégia de conhecimento são relativamente recentes, podendo ser explícitos ou implícitos. Vera e Crossan[14] ressaltam as definições de Bierly e Chakrabarti[75] e de Zack[76] sobre estratégias de conhecimento:

i. conjunto de escolhas estratégicas que delineiam e direcionam o processo de AO e determinam a base de conhecimento da organização[75];
ii. abordagem geral que uma organização tenciona seguir para alinhar seus recursos e capacidades de conhecimento aos requerimentos de sua estratégia de negócios. Por meio de uma estratégia de conhecimento, organizações identificam o conhecimento requerido para executar o seu objetivo estratégico, compará-lo com seu conhecimento real e reconhecer seus hiatos estratégicos[76].

Zack[76], Maier e Remus[77] observam ainda que as organizações necessitam conceber e implementar estratégias de conhecimento, estabelecendo uma forte relação entre processos de GC e estratégias de negócios ou vantagens competitivas. Na mesma perspectiva, March[78] destaca que, por meio de estratégias que exploram o conhecimento, as empresas renovam suas bases de conhecimentos[8;79], que impactam na aprendizagem futura[14].

Para finalizar este capítulo, cita-se Kolb[80]. Esse autor ressalta que, para entender a aprendizagem, é necessário entender o conhecimento e vice-versa, pois sem aprendizagem (PROCESSO) não há conhecimento (CONTEÚDO).

Uma vez aceitas a complementaridade e a inter-relação entre aprendizagem e conhecimento, por extensão, aceita-se a inter-relação entre AO e GC. Há ainda um longo caminho a percorrer no sentido de esclarecer complementaridades e inter-relações entre aprendizagem, conhecimento e estratégia, tanto no aspecto teórico quanto no prático.

Considerações finais

Ao longo deste capítulo, mostramos que a AO e o conhecimento organizacional têm agendas de pesquisa ao mesmo tempo complementares e sobrepostas. A AO focaliza a aprendizagem como processo de mudança (tanto cognitiva como comportamental) em uma perspectiva multinível. Esse processo gera como produto o conhecimento organizacional, que, por sua vez, influencia novos processos de aprendizagem na organização. A área de conhecimento organizacional enfatiza o conhecimento como recurso que dá vantagem competitiva, motivando o estudo dos processos associados com o seu gerenciamento. Cada área possui também uma contraparte que se dedica ao desenvolvimento de modelos, sobretudo práticos e prescritivos, bem como de artefatos específicos, voltados aos gestores, de como as organizações deveriam aprender e gerenciar o seu conhecimento de forma efetiva.

Observa-se que existe uma carência de estudos relacionados ao alinhamento de estratégias de negócios com as de aprendizagem/conhecimento, configurando-se uma área promissora de pesquisas.

Espera-se que este capítulo contribua para esclarecer a terminologia utilizada para descrever os processos de aprendizagem e conhecimento em organizações, bem como traga estímulo para a realização de estudos empíricos nas áreas de aprendizagem e conhecimento organizacional e alinhamento com as estratégias de negócios.

Questões para reflexão

1. Qual a relação existente entre, de um lado, aprendizagem e conhecimento e, de outro, organizações de aprendizagem e gestão do conhecimento?
2. Considerando a multidisciplinaridade das áreas de aprendizagem e conhecimento organizacional, discorra sobre as similaridades de estudos e pesquisas existentes entre elas.
3. Comente a seguinte afirmação: "Indivíduos aprendem em organizações, mas essa aprendizagem pode ou não contribuir para a aprendizagem organizacional".
4. Discorra sobre a relação da aprendizagem com o conhecimento como processo iterativo e de reforço mútuo e sobre como ele pode impactar sobre as organizações.
5. Quais os possíveis benefícios obtidos por uma organização que tem suas estratégias de aprendizagem e conhecimento alinhadas com suas estratégias de negócios?

Sugestão de pesquisas futuras

Realização de estudos empíricos nas áreas de aprendizagem e conhecimento organizacional e alinhamento destas com as estratégias de negócios.

Referências

1. Craig, S.; Douglas, S. Configural advantage in global markets. **Journal of International Marketing**, v. 8, n. 1, p. 6-26, 2000.

2. Barney, J. B. Firms resources and sustained competitive advantage. **Journal of Management**, v. 17, n. 1, p. 99-120, 1991.

3. Hansen, G. S.; Wernerfel, T. B. Determinants of firm performance: the relative importance of economic and organizational factors. **Strategic Management Journal**, v. 10, n. 5, p. 399-411, 1989.

4. Rumlet, R. P. How much does industry matter? **Strategic Management Journal**, v. 12, p. 167-186, 1991.

5. Barney, J. B.; Hesterly, W. Organizational economics: understanding the relationship between organizations and economic analysis. In: Clegg, S. R.; Hardy, C.; Nord, W. R. (Ed.). **Handbook of organization studies**. London: Sage, 1996. p. 115-147.

6. López, S. P.; Peón, J. M.; Ordás, V. Organizational learning as a determining factor in business performance. **The Learning Organization**, v. 12, n. 3, p. 227-245, 2005.

7. Lockett, A.; O'Shea, R. P.; Wright, M. The development of the resource-based view: reflextions from Birger Wernerfelt. **Organization Studies**, v. 29, n. 8-9, p. 1125-1141, 2008.

8. Kogut, B.; Zander, U. Knowledge of the firm, combinative capabilities, and the replication of technology. **Organization Science**, v. 3, p. 383-397, 1992.

9. Sveiby, K. E. **A nova riqueza das organizações**: gerenciando e avaliando patrimônios do conhecimento. Rio de Janeiro: Campus, 1998.

10. Olian, J. et al. Designing management training and development for competitive advantage: lessons from the best. **Human Resources Planning**, v. 21, n. 1, p. 20-31, 1998.

11. Teece, D. J. Research directions for knowledge management. **California Management Review**, v. 40, n. 3, p. 289-292, 1998.

12. Steil, A. V.; Barcia, R. M.; Pacheco, R. C. S. An approach to learning in virtual organizations. In: Siebert, P.; Griese, J. (Ed.). **Organizational virtualness and electronic commerce**. Bern: Simowa Verlag Bern, 1999.

13. Easterby-Smith, M.; Lyles, M. Introduction: watersheds of organizational learning and knowledge management. In: _____ (Ed.). **Handbook of organizational learning and knowledge management**. Malden: Wiley-Blackwell, 2005. p. 1-15.

14. Vera, D.; Crossan, M. Organizational learning and knowledge management: toward an integrative framework. In: Easterby-Smith, M.; Lyles, M. (Ed.). **Handbook of organizational learning and knowledge management**. Malden: Wiley-Blackwell, 2005. p. 122-141.

15. Bontis, N. **Managing an organizational learning system by aligning stocks and flows of knowledge**: an empirical examination of intellectual capital, knowledge management, and business performance. 137 f. (Ph.D. dissertation) – Richard Ivey School of Business; The University of Western Ontario, Ontario, 1999.

16. Beer, M.; Eisenstat, R. The silent killers of strategy implementation and learning. **Sloan Management Review**, v. 41, n. 4, p. 29-40, 2000.

17. Easterby-Smith, M. Disciplines of organizational learning. **Human Relations**, v. 50, n. 9, p. 1085-1113, 1997.

18. Argyris, C.; Schön, D. A. **Organizational learning**: a theory of action perspective. Reading: Addison Wesley, 1978.

19. Bertels, T.; Savage, C. M. Tough questions on knowledge management. In: Krogh, G. V.; Roos, J.; Kleine, D. (Ed.). **Knowing in firms:** understanding, managing and measuring knowledge. London: Sage, 1998. p. 7-25.

20. Crossan, M.; Lane, H.; White, R. An organizational learning framework: from intuition to institution. **The Academy of Management Review**, v. 24, n. 3, p. 522-537, 1999.

21. Knight, L. Network learning: exploring learning by inter-organizational networks. **Human Relations**, v. 55, n. 4, p. 427-454, 2002.

22. Popper, M.; Lipshitz, R. Organizational learning: mechanisms, culture, and feasibility. **Management Learning**, v. 31, n. 2, p. 181-196, 2000.

23. Pawlowsly, P. The treatment of organizational learning in management science. In: Dierkes, M. et al. **Handbook of organizational learning & knowledge**. New York: Oxford University Press, 2003. p. 61-88.

24. Magalhães, R. Organizational knowledge and learning. In: Krogh, G. V.; Roos, J.; Kleine, D. **Knowing in firms**: understanding, managing and measuring knowledge. London: sage, 1998.

25. Snyder, W.; Cummings, T. Organizational learning disorders: conceptual model and intervention hypotheses. **Human Relations**, v. 51, n. 7, p. 873-895, 1998.

26. Inkpen, A. C. Creating knowledge through collaboration. **California Management Review**, v. 39, n. 1, p. 123-140, 1996.

27. Ranson, S.; Hinings, B.; Greenwood, R. The structuring of organizational structures. **Administrative Science Quarterly**, v. 25, n. 1, p. 1-17, 1980.

28. Powell, W. W.; Koput, K. W.; Smith-Doerr, L. Interorganizational collaboration and the locus of innovation: networks of learning in biotechnology. **Administrative Science Quarterly**, v. 41, n. 1, p. 116-145, 1996.

29. Crossan, M.; Lane, H. W.; White, R. E. Organizational learning: dimensions for a theory. **The International Journal of Organizational Analysis**, v. 3, n. 4, p. 337-360, Oct. 1995.

30. Inkpen, A. C.; Crossan, M. M. Believing is seeing: joint ventures and organizational learning. **Journal of Management Studies**, v. 32, n. 5, p. 595-618, 1995.

31. Steil, A. V. **Desenvolvimento de competências e aprendizagem organizacional**. Florianópolis: Instituto Stela, 2006.

32. Gagné, R. M. **Como se realiza a aprendizagem**. Rio de Janeiro: Livros Técnicos e Científicos, 1974.

33. Hamel, G.; Prahalad, C. K. Strategy as stretch and leverage. **Harvard Business Review**, v. 71, n. 2, p. 75-84, 1993.

34. Tsang, E. W. Organizational learning and the learning organization: a dichotomy between descriptive and prescriptive research. **Human Relations**, v. 50, n. 1, p. 73-89, 1997.

35. Penrose, E. T. **The theory of the growth of the firm**. Oxford: Basil Backwell, 1959.

36. Spender, J. C. Organizational knowledge, collective practice and Penrose rents. **International Business Review**, v. 3, n. 4, p. 353-367, 1994.

37. Nonaka, I.; Takeuchi, H. **Criação do conhecimento na empresa**. Rio de Janeiro: Campus, 1997.

38. Smit, J.; Tálamo, M. F. Da impropriedade acadêmica de usar o termo gestão do conhecimento na opinião dos programas de Ciências da Informação. **Ciência da Informação**, v. 3, n. 5, out. 2007.

39. Belkin, N. J.; Robertson, S. E. Information science and the phenomenon of information. **Journal of the American Society for Information Science**, v. 27, n. 4, p. 197-204, 1976.

40. Terra, J. C. C. **Gestão do conhecimento**: o grande desafio empresarial. São Paulo: Negócio, 2001.

41. Hansen, M. T.; Nohria, N.; Tierney, T. What's your strategy for managing knowledge? **Harvard Business Review**, v. 77, n. 2, p. 106-116, Mar./Apr. 1999.

42. Davenport, T. H.; Prusak, L. **Conhecimento empresarial**: como as organizações gerenciam o seu capital intelectual. Rio de Janeiro: Campus, 1998.

43. Alvarenga Neto, R. C. D. **Gestão do conhecimento em organizações**: proposta de mapeamento conceitual integrativo. 400 f. Tese (Doutorado em

Ciência da Informação) – Escola de Ciência da Informação da Universidade Federal de Minas Gerais, Belo Horizonte, 2005.

44. Bergeron, P. Information resources management. **Annual Review of Information Science and Technology (ARIST)**, v. 31, p. 263-300, 1996.

45. Davenport, E.; Cronin, B. Knowledge management: semantic drift or conceptual shift? **Journal of Education for Library and Information Science**, v. 41, n. 4, p. 294-306, 2000.

46. Saracevic, T. Information Science: origins, evolution and relations. In: Vakkari, P.; Cronin, B. (Ed.). **Conceptions of library and information science**. London: Taylor Graham, 1992. p. 5-27.

47. Duguid, P.; Brown, J. S. Organizational learning and communities-of-practice: toward an unified view of working, learning, and innovation. In: Cros, R.; Israelit, S. (Ed.). **Strategic learning in a knowledge economy**: individual, collective, and organizational learning process. Woburn, MA: Butterworth-Heinemann, 2000. p. 143-166.

48. Le Boterf, G. **De la compétence**: essai sur un attracteur étrange. Paris: Les Editions d'Organisation, 1995.

49. Le Boterf, G. **Desenvolvendo a competência dos profissionais**. Porto Alegre: Artmed, 2003.

50. McClelland, D. C. Testing for competence rather than for intelligence. **American Psychologist**, v. 28, n. 1, p. 1-14, 1973.

51. Senge, P. M. **A quinta disciplina**: arte, teoria e prática da organização da aprendizagem. São Paulo: Best Seller, 1990.

52. Wenger, E. C.; Snyder, W. M. Comunidades de prática: a fronteira organizacional. In: Harvard Business Review. **Aprendizagem organizacional**. Rio de Janeiro: Campus, 2001.

53. Zarifian, P. **Objetivo competência**: por uma nova lógica. São Paulo: Atlas, 2001.

54. Edvinsson, L.; Malone, M. S. **Capital intelectual**: descobrindo o valor real de sua empresa pela identificação de seus valores internos. São Paulo: Makron Books, 1998.

55. Stewart, T. A. **Capital intelectual**: a nova vantagem competitiva das empresas. 2. ed. Rio de Janeiro: Campus, 1998.

56. Choo, C. W. **Information management for the intelligent organization**: the art of scanning the environment. 3. ed. Medford, NJ: Information Today, Inc, 2002.

57. Daft, R. L.; Weick, K. E. Toward a model of organizations as interpretation systems. **Academy of Management Review**, v. 9, n. 2, p. 284-295, 1984.

58. Miller, J. P. **O milênio da inteligência competitiva**. Porto Alegre: Bookman, 2002.

59. Leonard-Barton, D. **Nascentes do saber**: criando e sustentando as fontes de inovação. Rio de Janeiro: Ed. da Fundação Getúlio Vargas, 1998.

60. Von Krogh, G.; Ichijo, K.; Nonaka, I. **Facilitando a criação de conhecimento**. Rio de Janeiro: Campus, 2001.

61. Wiig, K. M. Integrating intellectual capital and knowledge management. **Long Range Planning**, v. 30, n. 3, p. 399-405, 1997.

62. Dhaliwal, J. S.; Benbasat, I. The use and effects of knowledge-based system explanations: theoretical foundations and a framework for empirical evaluation. **Information Systems Research**, v. 7, n. 3, p. 342-362, Sept. 1996. Disponível em: <http://isr.journal.informs.org/cgi/content/abstract/7/3/342>. Acesso em: 9 ago. 2010.

63. George, J. F.; Iacono, S.; Kling, R. Learning in context: extensively computerized work groups as communities of practice. **Accounting, Management and Information Technologies**, v. 5, p. 185-202, 1995.

64. Carayannis, E. G. Fostering synergies between information technology and managerial and organizational cognition: the role of knowledge management. **Technovation**, v. 19, n. 4, p. 219-231, Apr. 1999.

65. Ruggles III, R. L. (Ed.). **Knowledge management tools**. Boston: Butterworth-Heinemann, 1997.

66. Gioia, R.; Pitre, E. Multiparadigm perspectives on theory building. **Academy of Management Review**, v. 15, p. 584-603, 1990.

67. Bontis, N.; Crossan, M.; Hulland, J. Managing an organizational learning system by aligning stocks and flows. **Journal of Management Studies**, v. 39, n. 4, p. 437-469, 2002.

68. Lehner, F.; Maier, R. K. How can organizational memory theories contribute to organizational memory systems? **Information Systems Frontiers**, v. 2, n. 3-4, p. 277-298, 2000.

69. Mintzberg, H.; Ahlstrand, B.; Lampel, J. **Safári de estratégia**: um roteiro pela selva do planejamento estratégico. Porto Alegre: Bookman, 2000.

70. Barney, J. B. **Gaining and sustaining competitive advantage**. Reading, MA: Addison Wesley, 1996.

71. Hamel, G.; Prahalad, C. K. **Competindo pelo futuro**: estratégias para obter o controle do seu setor e criar os mercados de amanhã. Rio de Janeiro: Campus, 1997.

72. Henderson, J. C.; Venkatraman, N. Strategic alignment: leveraging information technology for transforming organizations. **IBM Systems Journal**, v. 32, n. 1, p. 4-16, 1993.

73. King, W.; Teo, T. Integration between business planning and information systems planning: validating a stage hypothesis. **Decision Sciences**, v. 28, n. 2, Spring 1997.

74. Luftman, J. N. Assessing business-IT alignment maturity. **Communications of AIS**, v. 4, article 14, 2000.

75. Bierly, P.; Chakrabarti, A. Generic knowledge strategies in the US Pharmaceutical Industry. **Strategic Management Journal**, v. 17, p. 123-135, 1996.

76. Zack, M. Developing a knowledge strategy. **California Management Review**, v. 41, p. 125-145, 1999.

77. Maier, R.; Remus, U. Defining process-oriented knowledge management strategies. **Knowledge and Process Management**, v. 9, n. 2, p. 103-118, 2002.

78. March, J. G. Exploration and exploitation in organizational learning. **Organization Science**, v. 2, n. 1, p. 71-87, Feb. 1991.

79. Conner, K.; Prahalad, C. A resourced-based theory of the firm: knowledge versus opportunism. **Organization Science**, v. 7, n. 5, p. 477-501, Sept. 1996.

80. Kolb, D. A. **Experiential learning**: experience as the source of learning and development. Englewood Cliffs: Prentice Hall, 1984.

Mario Pérez-Montoro Gutiérrez
Sandra Sanz Martos

Capítulo 5
Estruturas organizacionais para a criação do conhecimento e da aprendizagem colaborativa

Mario Pérez-Montoro Gutiérrez

Doutor em Filosofia e Ciências da Educação pela Universitat de Barcelona, Espanha (1998), e mestre em Organização de Sistemas de Documentação de Empresas pela Universitat Politècnica de Catalunya, Espanha (1999). Realizou estudos de pós-graduação no Istituto di Discipline della Comunicazione da Universidade de Bolonha, Itália (1991). Foi professor visitante do Center for the Study of Language and Information (CSLI) na Stanford University, Califórnia, EUA (1995); professor do Departamento de Lógica e Filosofia da Ciência na Universidad Complutense de Madrid, entre 1997 e 2000; e professor de Estudos de Ciências da Informação e Comunicação na Universitat Oberta de Catalunya, entre 2000 e 2005. Desde 2006, é professor da Faculdade de Biblioteconomia e Documentação da Universitat de Barcelona. É autor dos seguintes livros:

** "The phenomenon of information", publicado em 2007 pela Scarecrow Press, Lanham, Maryland, EUA.*

** "Gestión del conocimiento en las organizaciones", publicado em 2008 pela Trea, Gijón, Espanha.*

** "Arquitectura de la información en entornos web", publicado em 2010 pela Trea.*

Sandra Sanz Martos

Doutoranda do Programa Sociedade da Informação e do Conhecimento pela Universitat Oberta de Catalunya, Espanha, na qual obteve seu Diploma de Estudos Avançados (2004), com tese sobre comunidades de prática; mestre em Sociedade da Informação e do Conhecimento pela mesma instituição (2005) e licenciada em Filologia Hispânica pela Universitat de Barcelona, Espanha (1995), e em Documentação pela Universidad de Granada, Espanha (1998). É professora de licenciatura em Documentação e de graduação em Informação e Documentação no Departamento de Estudos de Ciências da Informação e Comunicação da Universitat Oberta de Catalunya.

Resumo

Nos últimos anos, o desenvolvimento de comunidades de prática e o interesse pelo tema tiveram um crescimento exponencial. No entanto, essa expansão descontrolada permitiu que o termo *comunidades de prática* fosse atribuído indevidamente a grupos de trabalho ou comunidades. Este capítulo tem como objetivo identificar e caracterizar as comunidades de prática em relação a outros tipos de grupos ou estruturas organizacionais. Para alcançar esse objetivo, vamos introduzir, em primeiro lugar, uma definição intuitiva de comunidade de prática sobre a qual haja consenso. Em segundo lugar, vamos identificar e definir os principais grupos ou estruturas organizacionais que, além das comunidades de prática, são utilizados pelas organizações para melhorar suas estratégias e alcançar seus objetivos. Na sequência, propomos uma comparação entre essas estruturas ou grupos organizacionais e as comunidades de prática. O capítulo termina com a apresentação de algumas conclusões e diretrizes sobre o desenvolvimento futuro das comunidades de prática.

Introdução

No contexto das organizações, a exploração adequada do conhecimento corporativo é responsável, parcialmente, pelo correto funcionamento e pela capacidade de adaptação da organização diante das mudanças externas. Esse tipo de conhecimento é altamente sensível a dois fatores de distorção: os episódios de fuga e a obsolescência. Quando um membro abandona a organização, seja por aposentadoria, seja por enfermidade, seja para trocar de empresa, antes que os seus conhecimentos tenham sido convertidos em conhecimentos corporativos, isto é, no caso de um episódio de fuga definitiva, esses conhecimentos se perdem para a organização, provocando uma redução no conhecimento corporativo. Por outro lado, quando parte desse conhecimento organizacional perde sua vigência e operacionalidade ao tornar-se obsoleto, perde-se, concomitantemente, parte do potencial de conhecimento corporativo na criação de valor para a própria organização. Ambos os casos, episódios de afastamento definitivo e obsolescência, podem ser compensados ou equilibrados por meio de processos de aprendizagem. De certa forma, o aprendizado atua, entre outras coisas, como fator de correção do conhecimento corporativo diante de fatores de distorção, como o afastamento e a obsolescência.

A importância crítica do aprendizado no contexto das organizações está provocando, nas últimas décadas, a concepção e o desenvolvimento de estratégias organizacionais destinadas a fomentar e tornar mais eficientes os processos que permitem a criação e o intercâmbio de conhecimentos entre os membros da organização.

Nesse novo contexto organizacional, o desenvolvimento de comunidades de prática (CoPs) e o interesse pelo tema acompanharam, em muitos casos, o crescimento exponencial da própria gestão do conhecimento. A necessidade de administrar parte das experiências e das práticas profissionais dos membros de uma organização que ainda não dispõe de um sistema de gestão do conhecimento convencional motivou o aparecimento das CoPs. De certo modo, esse tipo de iniciativa converteu-se na "receita mágica" de muitos empresários que nelas viram a solução para um grande número dos seus problemas. A partir de um termo restrito ao âmbito universitário e a algumas organizações, o conceito estendeu-se a todas as áreas, profissionais ou não. Tal expansão descontrolada permitiu que o termo fosse adotado, indevidamente, também por outros grupos de trabalho ou comunidades.

O objetivo deste capítulo é esclarecer questões relacionadas a essa terminologia, identificando e caracterizando as CoPs em contraposição a outros tipos de comunidades, como as de aprendizagem ou de interesse. Esse objetivo pode ser visualizado de forma esquemática na figura a seguir.

Figura 5.1 – Modelo mental da criação do conhecimento e da aprendizagem colaborativa nas organizações

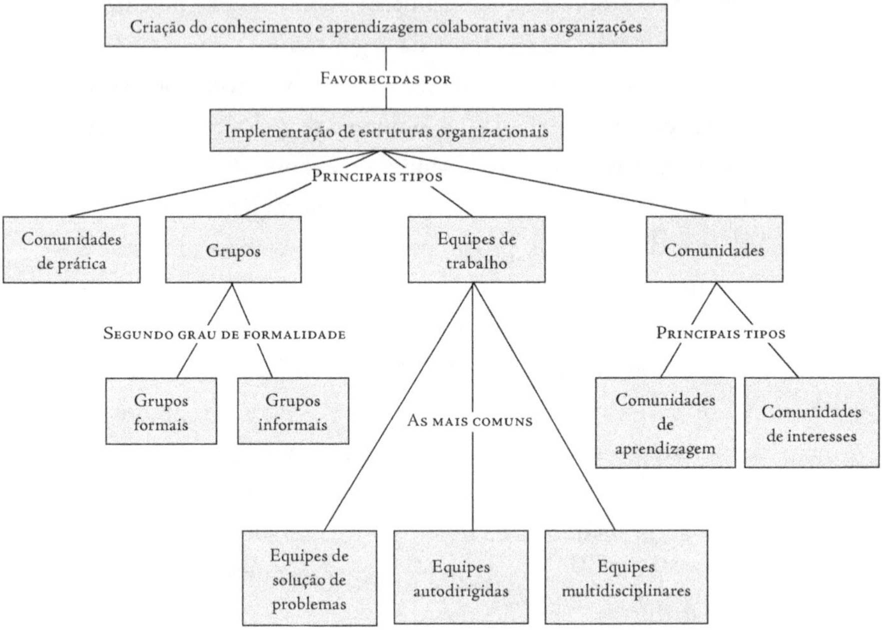

Para alcançarmos o objetivo apresentado no parágrafo anterior, em primeiro lugar, proporemos uma definição intuitiva e, de certa forma, consensual sobre CoP. Essa definição permitirá ter presentes as principais características que descrevem esse tipo de comunidade. Em segundo lugar, vamos identificar e definir os principais grupos organizacionais que, além das CoPs, são utilizados pelas organizações para melhorar suas estratégias de forma a atingir seus objetivos. A seguir, apresentaremos uma comparação entre essas estruturas ou grupos organizacionais e as CoPs. O capítulo será finalizado com a apresentação de algumas conclusões e com a proposta de algumas diretrizes sobre o desenvolvimento futuro dessas comunidades.

Comunidades de prática

Desde o início dos tempos, o homem sentiu a necessidade de organizar-se para poder subsistir, primeiro em unidades familiares, mais tarde em comunidades ou tribos. Logo apareceram assentamentos, aldeias e cidades. As possibilidades de um indivíduo solitário sobreviver às ameaças externas eram muito maiores quando se organizava em comunidades. Essa necessidade de se agrupar para garantir sua sobrevivência derivou no que consideramos um dos êxitos de nossa espécie: o compartilhamento de conhecimentos.

Ao transferir essa necessidade e esse êxito ao contexto das organizações, percebemos que, ao longo da história, e de forma especial nas últimas décadas, foram desenvolvidas estratégias para compartilhar o conhecimento, de modo que este pudesse ajudar a organização a alcançar seus objetivos.

As CoPs podem então ser identificadas como um tipo dessas iniciativas ou estratégias. Diferentemente de outras iniciativas similares, elas têm despertado interesse especial tanto na área acadêmica quanto na consultoria profissional. Tal interesse generalizado está produzindo, simultaneamente, um fenômeno curioso e, de certa maneira, perverso. Nos últimos anos, a expressão *comunidades de prática* converteu-se numa palavra da moda, utilizada por um número cada vez maior de pessoas que, lamentavelmente, não conhecem seu significado. Uma infinidade de empresas, consultores, especialistas em aprendizado eletrônico (*e-learning*), responsáveis por departamentos de gestão de pessoas, pesquisadores, entre muitos outros, declaram que atualmente têm trabalhado com esse tipo de estratégia. E todos, com seu enfoque particular, têm ressaltado seu interesse incondicional pelo tema, embora não tenham claro em que consiste esse tipo de comunidade nem o seu alcance.

Nesse cenário confuso, o termo *comunidades de prática* é aplicado a outros tipos de grupos ou comunidades, até mesmo a atividades desenvolvidas no trabalho que, em muitos casos, nada têm a ver com essas comunidades.

Provavelmente, foi esta uma das razões que levaram Wenger e Snyder[1], dois dos autores mais respeitados que teorizaram sobre esse tipo especial de comunidade, a escrever um artigo sobre o assunto, evitando esse mal-entendido. No entanto, a confusão e a aplicação errônea do conceito continuam aumentando. Quanto mais conhecido o termo, pior seu uso nos meios não especializados.

Apesar de na literatura científica os autores coincidirem ao definir as CoPs (mesmo com pequenas nuances), no momento de observar o uso desse conceito no contexto organizacional, em seminários ou ainda na internet, verificamos que sua aplicação está, muitas vezes, incorreta.

Por isso, não é de estranhar que, em muitos *workshops* sobre o tema, dirigidos aos responsáveis pela área de gestão do conhecimento nas empresas, apresentem-se como exemplos casos que muito se distanciam do que são efetivamente essas comunidades. São comuns também palestras e conferências nas quais os expositores se apressam a chamar de *comunidades de prática* iniciativas de criação de grupos de trabalho em sua empresa que são, na verdade, de natureza distinta. Na internet aparecem igualmente textos relatando experiências de criação de comunidades, indevidamente batizadas de *comunidades de prática*.

Mas, então, o que é realmente uma CoP?

Desde que Lave e Wenger[2] cunharam o termo *community of practice* (comunidade de prática), inúmeros outros autores têm buscado definir a expressão. Mais tarde, o próprio Wenger, juntamente com Snyder[1], definiu-a como um grupo de pessoas que se reúnem de maneira informal para compartilhar suas experiências e paixão por uma empresa comum. Em 2002, no livro que publicou junto com McDermott e Snyder, o autor ampliou e aperfeiçoou essa definição da seguinte maneira: grupos de pessoas que compartilham uma preocupação, um conjunto de problemas ou um interesse comum em relação a um tema e que aprofundam seu conhecimento e habilidade nessa área por meio de uma interação continuada[3]. Segundo Vásquez-

Bronfman[4], uma CoP é um grupo de pessoas ligadas por uma prática comum, recorrente e estável no tempo e pelo que aprendem nessa prática comum. Também Lesser e Storck[5] definiram tal conceito como "um grupo cujos membros se juntam para compartilhar e aprender a partir de interesses comuns". Brown[6], no 5th *Annual Braintrust Knowledge Management Summit*, em São Francisco, definiu as cooperativas de prática como grupos de pessoas com funções e pontos de vista diferentes, comprometidos em um trabalho conjunto, ao longo de um período de tempo significativo, durante o qual constroem objetos, resolvem problemas, aprendem, inventam e negociam significados e desenvolvem uma forma para se entenderem mutuamente.

Poderíamos estender essa lista de definições de modo a comprovar que ela pode alcançar dimensões consideráveis. Contudo, fica claro que em todas convém destacar dois aspectos definitórios: o compromisso e o interesse comum. Definitivamente, as CoPs são grupos de pessoas que desempenham a mesma atividade ou responsabilidade profissional e que, preocupados com um problema comum ou movidos por um interesse comum, aprofundam seu conhecimento e habilidade nesse assunto por meio de uma interação continuada[7].

Em que pese o empenho desses autores em definir esse conceito de forma exaustiva, as CoPs continuam sendo confundidas com outros tipos de comunidades, como as de aprendizagem e as de interesse, e com outros grupos ligados à organização, como os grupos formais e informais e as equipes de trabalho, sejam as de solução de problemas, sejam as multidisciplinares ou, ainda, as virtuais.

Estruturas organizacionais para a criação do conhecimento

No contexto das organizações, frequentemente são criados e desenvolvidos pequenos grupos ou comunidades (estruturas organizacionais) para melhorar o funcionamento interno e ajudar a atingir os objetivos corporativos.

As CoPs constituem um tipo especial dessas estruturas. Deixemos de lado, por ora, esse tipo de comunidade e verifiquemos as diferentes estratégias implementadas pelas organizações. É possível distinguir três tipos de estruturas organizacionais, que são: grupos, equipes de trabalho e comunidades.

De modo geral, podemos definir *comunidades* como conjuntos, agrupamentos ou congregações de pessoas que se unem sob certas normas e regras. Por outro lado, ao falarmos de *grupos* e *equipes*, devemos entendê-los como conjuntos de pessoas organizados para desenvolver pesquisa ou uma determinada tarefa.

O elemento que mais claramente diferencia grupos e equipes de comunidades é que os primeiros trabalham com a finalidade de alcançar um objetivo, que os une e lhes dá sua razão de ser, enquanto nas comunidades é o fato de compartilhar que as define. Compartilham-se coisas: áreas, serviços ou interesses. Assim, por exemplo, no caso de um condomínio, é o uso comum do edifício que é compartilhado; em uma comunidade educacional, são os serviços e os interesses do centro de formação. Não há outro objetivo concreto além de formar parte de algo comum ou de interesse de todos. Pode-se selecionar alguém para fazer parte de um grupo ou equipe, mas não para pertencer a uma comunidade. As pessoas fazem parte de uma comunidade simplesmente por pertencerem a ela e por estarem dispostas a compartilhar coisas e seguir suas normas, mais ou menos explícitas.

No contexto das organizações, é possível identificar uma série de diferentes tipos de grupos, equipes de trabalho e comunidades. Entre os principais tipos de grupos podemos distinguir os de trabalho formal e informal. Entre as equipes de trabalho, podemos destacar aquelas destinadas à solução de problemas, as equipes autodirigidas, as multidisciplinares e as virtuais. No caso das comunidades, podemos distinguir entre as de interesse, as de aprendizagem e as de prática.

Grupos

Na maioria dos casos, as CoPs se desenvolvem no seio da própria organização, não sendo difícil, portanto, confundi-las com os grupos que surgem nesse contexto.

No contexto das organizações, os grupos devem ser entendidos como estruturas formadas por dois ou mais indivíduos que interagem, que são interdependentes e se articularam para atingir determinados objetivos. Aos grupos costuma ser atribuída uma série de funções a fim de se atingirem certas estratégias organizacionais. Dessa forma, são, por exemplo, especialmente adequados para modificar condutas, atitudes e valores e para o disciplinamento de seus membros. Sem ir além, podem servir para exercer pressão sobre membros que não cumprem normas, no sentido de que elas sejam cumpridas. Por outro lado, são úteis na tomada de decisões e na negociação.

Membros com diversos antecedentes podem trazer diferentes perspectivas ao processo de tomada de decisão, o que não significa, no entanto, que as decisões em grupo sejam melhores que as decisões individuais.

Existe um núcleo de características comuns que definem, pelo menos parcialmente, os grupos nos contextos organizacionais. Entre essas características, podemos destacar certos padrões de comunicação interna. A comunicação pode se canalizar por meio de um membro-chave ou fluir livremente entre todos os membros de um grupo. Outro traço característico é quando as interações grupais são eficazes e podem influir na motivação. Se, por exemplo, os membros de um grupo participam no estabelecimento de objetivos, é provável que se comprometam mais profundamente com o cumprimento das metas grupais. A liderança também exerce um papel importante no contexto dos processos grupais. A compreensão dos conceitos referentes aos grupos contribui para o entendimento nas interações entre líderes e seguidores, bem como nas interações entre todos os membros do grupo. Por último, os grupos também oferecem vantagens para os indivíduos que os compõem, trazem satisfação social aos seus membros – uma sensação de fazer parte e de apoio às necessidades individuais –, promovem a comunicação e proporcionam segurança.

É importante ressaltar que no contexto das organizações convive uma grande variedade de grupos, cuja composição, funções e demais propriedades diferem significativamente. Esses grupos podem ser classificados de múltiplas maneiras e de acordo com diferentes critérios. Os critérios gerais mais utilizados (sem ter caráter excludente) para classificá-los são: temporalidade, finalidade, hierarquia e atividade.

Segundo o CRITÉRIO TEMPORAL, com base no tipo de estabilidade das relações que mantêm a coesão de seus membros, é possível distinguir dois tipos diferentes de grupos: os permanentes e os temporais. Os grupos permanentes são estáveis no tempo, encarregando-se de tarefas rotineiras de funcionamento, manutenção e organização. A permanência temporal desses grupos não impede que haja mudanças em sua composição. Como exemplo, podemos citar os diversos departamentos que compõem uma empresa. Por outro lado, os grupos temporais (criados *ad hoc*) são concebidos para realizar tarefas, projetos ou atividades de caráter transitório. Esses grupos têm uma duração limitada; dissolvem-se, uma vez concluída sua função ou alcançado o seu objetivo. Podem ser grupos de pesquisa e desenvolvimento, comissões de estudo, comitês assessores etc.

De acordo com o CRITÉRIO de FINALIDADE, com base nos objetivos estabelecidos, é possível distinguir quatro tipos diferentes de grupos nos respectivos contextos: (i) de produção; (ii) de solução de problemas; (iii) de resolução de conflitos; (iv) de mudança e desenvolvimento organizacional. Nos grupos de produção, seus integrantes realizam de forma conjunta um determinado trabalho. Configuram os departamentos e as unidades da organização. Os grupos de solução de problemas centram-se em problemas particulares da própria organização.

Os círculos de qualidade ou os grupos para o estudo de projetos são exemplos desse tipo. Os grupos de resolução de conflitos se orientam para resolver situações de enfrentamento entre diferentes partes da organização ou desta com o meio externo. Trata-se fundamentalmente de grupos de negociação. Por último, os grupos de mudança e desenvolvimento incluem diferentes grupos e técnicas grupais. Entre outros, como exemplos, podemos apontar os grupos de entretenimento, os de desenvolvimento de equipes e os de sensibilização.

Segundo o CRITÉRIO HIERÁRQUICO, com base na localização na estrutura organizacional, é possível distinguir dois grupos diferentes: os grupos de diferenciação vertical e os de diferenciação horizontal. Os grupos de diferenciação vertical são compostos por membros que pertencem, por sua vez, a diferentes estruturas organizacionais, que vão desde a alta administração (vértice estratégico), passando por grupos de direção intermediária (média gerência), até os grupos operacionais (núcleo operacional). Os grupos de diferenciação horizontal coincidem, por sua vez, com os diferentes grupos funcionais, que proporcionam serviços especializados (relativos à produção, à pesquisa etc.) baseados em competências específicas e comitês temporais, criados com diferentes missões, fundamentalmente de assessoramento e tomada de decisão.

Por último, conforme o CRITÉRIO DE ATIVIDADE, é possível distinguir dois tipos diferentes de grupos de trabalho: os de atividade grupal e os de atividade individual. Os primeiros são equipes com tarefas interdependentes, objetivos e incentivos grupais, relações estáveis etc. Nos grupos de atividade individual predominam as tarefas e os valores individuais. Os membros têm mais vínculos entre si do que apenas compartilhar um espaço, uma tarefa, uma especialidade profissional ou estar subordinados ao mesmo chefe. Uma "equipe de vendas" para a qual, entre outras condições, se proporcionam comissões individuais (o que gera competição entre seus membros) pode ser entendida como um exemplo deste último tipo.

Deixando de lado esses critérios gerais de temporalidade, finalidade, hierarquia e atividade, de acordo com a literatura especializada, existe certo consenso na hora de criar grupos organizacionais segundo o grau de formalidade que os caracteriza. Essa classificação foi proposta por Stephen P. Robbins[8] em seu manual sobre o comportamento organizacional e coincide com a classificação proposta por Hellriegel e Slocum[9]. Segundo essa classificação, os grupos podem ser criados sob duas grandes categorias: formais e informais.

Os GRUPOS FORMAIS encontram-se definidos pela estrutura organizacional, com atribuições de trabalho projetadas para estabelecer tarefas. Nesses grupos, o comportamento a ser adotado por seus membros encontra-se estipulado e é dirigido às metas organizacionais. Os membros que compõem a tripulação de um voo constituem exemplo de um grupo formal. Trata-se de grupos definidos e planejados para atingir objetivos organizacionais. Departamentos ou comissões, por exemplo, independentemente de outros critérios, compartilham de seu caráter formal. Entre esse grupos, distinguem-se os de direção e os de tarefas. Os grupos de direção são determinados pelo organograma da organização. São compostos de subordinados que se reportam diretamente a um gerente. Os grupos-tarefa também são determinados pela organização e representam aqueles trabalhadores encarregados de uma determinada tarefa, sendo também denominados *grupos funcionais*.

Em contraposição, os GRUPOS INFORMAIS se apresentam como alianças não estruturadas formalmente nem determinadas pela organização. Esses grupos são formações naturais que ocorrem no ambiente de trabalho, aparecendo em resposta à necessidade de um contato social. Quando três empregados de diferentes departamentos quase sempre almoçam juntos, temos um exemplo de um grupo informal. Surgem de relações espontâneas entre os membros da organização e estão orientados para a satisfação de necessidades pessoais e sociais de seus componentes. São exemplos desse tipo os grupos que se constituem por laços de amizade ou simpatia e os de pessoas que compartilham uma mesma problemática. Entre os grupos informais, distinguem-se os grupos de interesse e os grupos de amigos. Os grupos de interesse se constituem quando membros da organização decidem juntar-se para atingir um objetivo específico de interesse comum (como melhorar sua condição salarial). Nos grupos de amizade, os seus integrantes compartilham características concretas, como a idade e origens sociais similares, e, com frequência, nada têm a ver com o contexto de trabalho.

Equipes de trabalho

Robbins[8] preocupou-se em diferenciar equipes de trabalho de grupos de trabalho. Segundo esse autor, em um grupo de trabalho seus membros se relacionam, principalmente, para compartilhar informação e tomar decisões de forma que possam ajudar-se mutuamente a desenvolver-se dentro de sua área de responsabilidade. Seu desempenho é a soma da contribuição de cada membro do grupo. Não existe sinergia positiva maior para criar um nível de desempenho do que a soma das contribuições. No caso das equipes, gera-se uma sinergia positiva por meio de um esforço coordenado, no qual a soma dos esforços individuais é maior. A gerência busca essa sinergia positiva que permite às organizações incrementarem o seu desempenho. O uso extensivo de equipes cria o potencial para que uma organização gere melhores resultados sem um incremento nas contribuições.

As equipes podem ser classificadas com base em seus objetivos. As três formas mais comuns de equipes que se encontram na organização são as de solução de problemas, as autodirigidas e as multidisciplinares.

Nas equipes de SOLUÇÃO DE PROBLEMAS, os membros compartilham ideias ou oferecem sugestões sobre a forma de melhorar os processos e os métodos de trabalho. Poucas vezes, no entanto, têm a autoridade de pôr em prática de forma unilateral qualquer de suas ações sugeridas. Um exemplo de equipes de solução de problemas são os círculos de qualidade.

As equipes AUTODIRIGIDAS, por outro lado, são grupos de colaboradores (normalmente 10 ou 15) que assumem as responsabilidades de seus antigos supervisores. No geral, isso inclui o planejamento e a programação do trabalho, o controle coletivo sobre o ritmo do trabalho, a tomada de decisões operacionais e a execução das ações em relação aos problemas. As equipes de trabalho completamente autodirigidas, inclusive, selecionam os seus próprios membros e fazem com que estes avaliem o desempenho de cada um.

Por último, as equipes MULTIDISCIPLINARES são formadas por empregados do mesmo nível hierárquico, porém de diferentes áreas de trabalho, que se reúnem para levar a cabo uma tarefa. As equipes multidisciplinares são um meio eficaz que permite que pessoas de diversas áreas dentro de uma organização (ou mesmo entre organizações) troquem informações, desenvolvam novas ideias, solucionem problemas e coordenem projetos complexos.

É importante assinalar também que Robbins[8] distingue um quarto tipo de equipe que denomina de *equipes virtuais*. Estas usam a tecnologia computacional para reunir seus membros fisicamente dispersos, com a finalidade de alcançar um objetivo comum. As equipes virtuais podem fazer o mesmo que as demais equipes, como gerar intercâmbio de informações, tomar decisões, completar tarefas e, ainda, incluir membros da mesma organização ou conectá-los com membros de outras organizações, como os provedores ou sócios. Podem se reunir por poucos dias para solucionar problemas, durante alguns meses para completar um projeto ou existir permanentemente.

Comunidades

Já mencionamos que as comunidades podem ser identificadas como o terceiro tipo de estrutura organizacional, ao lado de grupos e equipes de trabalho, que se formam para melhorar o correto funcionamento das organizações.

Se deixarmos de lado as CoPs, podemos distinguir dois outros grandes tipos: as comunidades de aprendizagem e as comunidades de interesse.

As COMUNIDADES DE APRENDIZAGEM, por exemplo, são contextos em que alunos aprendem graças à sua inclusão e participação, em colaboração com outros alunos, com o professor ou outros adultos, em processos genuínos de pesquisa e construção coletiva de conhecimento sobre questões pessoais e socialmente relevantes[10].

A premissa na qual se apoia a ideia das aulas como comunidades de aprendizagem considera que a aprendizagem individual é, em boa medida, inseparável da construção coletiva do conhecimento. Tal construção coletiva constitui o contexto, a plataforma e o apoio básico para que cada aluno possa avançar no seu próprio aprendizado. Desse modo, as atividades de aula estruturadas como comunidades de aprendizagem não devem ser organizadas como aulas expositivas tradicionais, girando em torno da transmissão pelo professor de determinados conteúdos preestabelecidos. Devem se estruturar em torno de processos de pesquisa sobre determinados temas previamente acordados entre professor e alunos, nos quais eles trabalham de maneira conjunta e colaborativa.

Esses processos podem tomar diversas formas, como a elaboração de projetos, a análise de casos, a resolução de situações-problema ou a preparação de produtos a serem apresentados publicamente. O caráter autêntico e relevante das situações, atividades ou tarefas baseadas nos processos de construção colaborativa do conhecimento e levadas a termo nas aulas estruturadas como comunidades de aprendizagem concretiza-se em atividades que diferem radicalmente daquelas que caracterizam as aulas tradicionais[10]. Assim, em uma aula organizada como uma comunidade de aprendizagem, o professor e os alunos abordam geralmente tarefas globais e complexas, cuja resolução exige que se utilizem de maneira combinada conhecimentos e habilidades de natureza diversa. Os alunos de uma disciplina como física, por exemplo, aprendem a resolver os exercícios em grupos, compartilhando a maneira de entender os conceitos. Dessa forma, aqueles para quem seja mais difícil raciocinar e entender o processo de como resolver um problema podem fazê-lo ao escutar seus companheiros. E assim todos aprendem ao mesmo tempo.

Nesse contexto educativo, é importante destacar que não é possível ignorar a influência do *e-learning* (aprendizagem a distância) no crescimento do interesse pelas comunidades. Nas aulas voltadas para a formação, concebidas por algumas grandes empresas ou nos foros de algumas intranets, é relativamente frequente compartilhar o processo de assimilação de novas competências ou novos conhecimentos. No âmbito do ensino médio secundário obrigatório observamos o uso cada vez mais frequente de comunidades de aprendizagem como recurso formativo.

Antes de finalizar essa caracterização, convém deixarmos claro que as comunidades de aprendizagem não se restringem apenas às aulas na área do ensino ou da educação escolar. São também perfeitamente adaptáveis aos contextos organizacionais. Mas não devemos esquecer que, também nesses contextos, o conhecimento transmitido continua vinculado a conceitos ou matérias, e não a "modos de fazer". Por exemplo, poderia surgir uma comunidade de aprendizagem em torno de uma nova ferramenta de informática, adquirida pela organização, sendo que, no uso, alguns colegas tenham decidido ajudar-se mutuamente para aprender mais rapidamente como funciona o novo recurso. Aqui, obviamente não estamos falando de uma CoP, porque não há compartilhamento de uma experiência ou na maneira de enfrentar determinada tarefa, e sim busca de aprendizado sobre como manejar um novo *software*. Essa comunidade de aprendizagem deixará de existir quando todos os seus membros souberem usar a nova ferramenta. Recordando o artigo de Wenger e Snyder[1], as CoPs não estão vinculadas à finalização de um projeto ou de um objetivo concreto.

Passemos agora a descrever as comunidades de interesse. Assim como as comunidades de aprendizagem hoje estão, em grande parte, ligadas ao *e-learning*, também as comunidades de interesse formam parte do coração da internet. Foram os cientistas os primeiros a utilizarem a internet para compartilhar dados, cooperar em pesquisas e intercambiar informações. Contudo, a partir da segunda metade da década de 1990, o uso se estendeu, cobrindo também outros interesses, sendo o fenômeno dos "fãs" um dos principais impulsionadores dessas comunidades. São seguidores de grupos musicais, cinéfilos, leitores aficionados, entre outros. Destacam-se também portadores de câncer que compartilham a melhor forma de enfrentar os efeitos da quimioterapia (o Hospital Clínico de Barcelona, na Espanha, está desenvolvendo uma iniciativa nesse sentido) e até grupos de mães que compartilham técnicas de aleitamento ou preparação para o parto, informações sobre creches e colégios, compras *on-line* de produtos sobre puericultura, aleitamento etc. Nas comunidades de interesse há compartilhamento de interesses ou paixões comuns. Porém, o interesse comum não está na práxis profissional e, ainda que se compartilhem técnicas e formas de fazer, estas não estão focadas na aprendizagem de um aspecto concreto. Outro elemento de diferenciação, tal como entendido por Armstrong e Hagel[11], é o fato de seus membros desconhecerem uns aos outros. Ainda que reuniões presenciais de grupos pequenos entre membros pertencentes a tais comunidades sejam relativamente frequentes, em geral, um membro não conhece pessoalmente a maioria de seus companheiros.

As comunidades de prática em relação a outras estruturas organizacionais

Até este ponto introduzimos uma definição geral e intuitiva de CoPs e caracterizamos algumas das principais estruturas ou grupos que, além das CoPs, são utilizadas pelas organizações com vistas a melhorar suas estratégias para atingir seus objetivos. Passamos agora a uma análise comparativa entre algumas dessas estruturas organizacionais e as CoPs. Nessa análise comparativa, vamos nos restringir apenas àqueles grupos que, por sua natureza especial, possam ser confundidos com as próprias CoPs: grupo formal de tarefa, equipes de solução de problemas, equipes multidisciplinares, equipes virtuais, comunidades de aprendizagem e comunidades de interesse.

Na análise extraímos primeiro uma série de elementos específicos que permitem realizar uma caracterização sintética de todas as estruturas organizacionais selecionadas, a qual será apresentada no Quadro 5.1. Os elementos de caracterização utilizados podem ser classificados em dois grandes grupos ou categorias: elementos organizacionais (tipo de liderança, vinculação aos processos da organização e fator de coesão) e elementos práticos de implementação (tamanho, virtualidade, calendário de reuniões, limitação temporal). Todos esses elementos, com a ajuda de alguns casos ilustrativos, nos permitirão identificar claramente as diferenças e as similaridades entre essas estruturas.

Caracterização sintética de algumas estruturas organizacionais

Comecemos por definir o GRUPO FORMAL, o qual requer uma liderança convencional, reconhecida e ativa. Uma tarefa a realizar é o fator que o mantém unido. Dentre os grupos de trabalho é o mais numeroso, contendo de 13 a 16 pessoas, sendo que, quanto mais membros tiver, mais rapidamente termina sua tarefa, desde que cada membro do grupo seja especializado em determinado assunto. O uso da virtualidade é mínimo nesse grupo, e o ritmo de reuniões, frequente. O grupo se manterá unido até a próxima reorganização da empresa.

Por sua vez, a EQUIPE DE SOLUÇÃO DE PROBLEMAS funciona de maneira mais autônoma, sendo que o líder delega autoridade à equipe ou a algum de seus membros. A equipe funciona até que o problema seja solucionado. Para garantir sua capacidade de resolução e agilidade, é conveniente que esse grupo não tenha mais de 12 pessoas, sendo aconselhável um número de até 10 membros. O uso da virtualidade pode ser parcial, porém, ao mesmo tempo, é necessário reunir-se com frequência, no mínimo duas vezes por semana.

Na EQUIPE MULTIDISCIPLINAR, como ocorre na equipe de solução de problemas, a liderança está delegada à própria equipe. O número desejável de membros é em torno de 10 pessoas, e estas podem trabalhar de forma virtual, ainda que necessitem de presença para reunir-se com frequência. A consecução do objetivo proposto ou a solução de um processo determinará o fim da equipe.

Quanto à EQUIPE VIRTUAL, o projeto encomendado constitui o fator de coesão do grupo, que lidera a si mesmo. A virtualidade permite comunicar-se com um número maior de pessoas, superando as limitações espaçotemporais. Por isso, as equipes virtuais podem ser maiores. Embora necessitem reunir-se de vez em quando, podem funcionar quase que exclusivamente de forma virtual. Seus integrantes serão afetados pela próxima reorganização, ainda que a virtualidade fomente relações de trabalho de longa duração.

No que se refere à COMUNIDADE DE APRENDIZAGEM, para que funcione, é conveniente contar com a figura de um animador ou moderador, da mesma forma que nas CoPs. O que mantém seus membros unidos é o objeto da aprendizagem, e este desaparece quando o grupo tiver aprendido o que pretendia. O número ideal de membros para esse grupo é entre 20 e 25, pois assim se garante que os conteúdos sejam assimilados, mais ou menos, no mesmo ritmo. Não é necessário que seus membros se reúnam; esse tipo de comunidade pode funcionar perfeitamente sem reuniões.

As COMUNIDADES DE INTERESSE, por sua vez, não necessitam de qualquer tipo de liderança, posto que é o próprio interesse que move seus membros. Cada um extrai aquilo que veio buscar, intercambia informação, adquire os artigos de que necessita etc. Nesse contexto, a dinamização carece de sentido. Esse tipo de comunidade possui grande número de integrantes, funcionando totalmente de maneira virtual. Seus membros permanecerão unidos enquanto tiverem algum motivo para se manterem conectados.

Por último, nesse mesmo esquema sintético, nas CoPs o papel do moderador/animador é vital para garantir seu êxito. É necessário que um membro acatado por todos controle as intervenções e os temas propostos e anime todos os integrantes a participar. Além disso, nas CoPs virtuais, o moderador tem um papel importante, posto que é responsável por organizar o conhecimento que se intercambia, guardar os arquivos produzidos, fazer resumos das contribuições dadas etc. É uma missão similar à do moderador das comunidades de aprendizagem. O fator de coesão decorre da vontade de compartilhar a práxis profissional e a sua experiência com outros colegas e beneficiar-se da especialidade dos demais. O compromisso de seus membros é um vínculo bastante forte. Para que o intercâmbio de conhecimentos seja suficientemente rico, é desejável que o número de participantes seja de no mínimo 50 e no máximo 80 pessoas. Não convém que o número seja demasiadamente grande, porque pode se tornar uma comunidade difícil de administrar.

No Quadro 5.1, apresentado a seguir, representamos de forma sintética a caracterização de todas as estruturas organizacionais analisadas.

Quadro 5.1 – Caracterização sintética de algumas estruturas organizacionais

	Tipo de liderança	Fator de coesão	Tamanho	Virtualidade	Calendário de reuniões	Limitação temporal
Grupo formal de tarefa (ou equipe funcional)	Formal	Tarefa a realizar	13-16 pessoas	Mínima	Frequente	Até a próxima reorganização
Equipe de solução de problemas	Delegada	Problema a solucionar	8-12 pessoas	Parcial	Muito frequente	Até a solução do problema
Equipe multidisciplinar	Delegada	Processos a melhorar	8-12 pessoas	Parcial	Muito frequente	Até que se melhore o processo
Equipe virtual	Delegada	Tarefa a realizar	15-30 pessoas	Total	Praticamente inexistente	Até a próxima reorganização
Comunidade de aprendizagem	Moderador/ animador	Aprendizagem	20-25 pessoas	Total	Inexistente	Até que se tenham adquirido os conhecimentos
Comunidade de interesse	—	Interesse	100-500 pessoas	Total	Inexistente	Enquanto houver interesse
Comunidade de prática	Moderador/ animador	Vontade de compartilhar a práxis profissional	50-80 pessoas	Total	Inexistente	Enquanto perdurarem o interesse e o compromisso de seus membros

Análise comparativa

Com esta caracterização sintética das estruturas organizacionais concluída, façamos agora uma análise comparativa entre todas elas e as CoPs.

Comecemos pelas semelhanças e diferenças entre os GRUPOS FORMAIS DE TAREFA e as CoPs. Como já sublinhamos, a esses grupos são atribuídas tarefas fixas de alto nível de especialização. Por exemplo, no Departamento de Recursos Humanos da empresa, certamente, opera mais de um grupo de tarefa formal respectivamente direcionado à seleção, à contratação, à prevenção de riscos, à formação, entre outros aspectos. Provavelmente esse fator tão específico, alcançando um elevado nível de especialização, poderia levar a confundir tais grupos com as CoPs, em razão do nível de perícia a que estes podem chegar. Porém, no caso dos grupos formais de tarefas (ou equipes funcionais), trata-se simplesmente de grupos de pessoas que trabalham juntas todos os dias em um conjunto de tarefas contínuas e interdependentes. Sua duração como equipe está totalmente relacionada à próxima reorganização, não havendo compromisso entre os membros.

Comparemos agora as EQUIPES DE SOLUÇÃO DE PROBLEMAS com as CoPs. Uma das aplicações mais comuns das equipes de solução de problemas na década de 1980 foram os círculos de qualidade. Trata-se de equipes de oito a dez empregados e supervisores numa área de responsabilidade compartilhada, que se reúnem de forma regular para discutir seus problemas, recomendar soluções e tomar ações corretivas. Descritos desse modo, para muitos, esses grupos poderiam ser considerados CoPs, já que parecem coincidir suas respectivas definições. Entretanto, eles apresentam algumas características distintas, a saber: o número de membros é menor que nas CoPs; há ausência de liderança e limitação temporal (funcionam apenas até a solução do problema). Mas o elemento que melhor as distingue é o fator coesão: a equipe pretende resolver um ou vários problemas e, para alcançar esse objetivo, reunir-se-á tantas vezes quantas forem necessárias. Não tem a intenção deliberada de compartilhar sua experiência nem compromisso em relação aos outros membros do grupo. O que a equipe busca é solucionar o problema que lhe foi atribuído e, uma vez resolvido, não voltará a manter contato nem a trocar informações enquanto não houver um novo problema a resolver.

Vejamos agora a comparação entre as EQUIPES MULTIDISCIPLINARES e as CoPs. Muitas empresas têm utilizado durante décadas equipes horizontais e sem fronteiras. A IBM, por exemplo, criou uma numerosa equipe multidisciplinar e temporal na década de 1960, constituída por empregados de diferentes departamentos da empresa, para desenvolver seu Sistema 360. De forma similar, os comitês compostos por membros de todas as linhas departamentais são exemplos de equipes multidisciplinares. Além de estar presente um elemento-chave, que é o fato de, por serem equipes, buscarem atingir um objetivo concreto, essas equipes se distinguem claramente das CoPs em razão de seus membros não pertencerem ao mesmo âmbito de especialidade. Isso impossibilita o compartilhamento de sua práxis profissional e o intercâmbio de experiências na respectiva área de atuação.

As semelhanças e as diferenças entre as COMUNIDADES DE APRENDIZAGEM e as CoPs, ainda que menores, também são claras. A fronteira entre ambas é difusa, porém há um fator que as distingue claramente. É que as primeiras surgem no contexto das organizações ou das profissões, isto é, pertencem ao âmbito do trabalho diário, à prática profissional diária, daí o nome *comunidades de prática*. Já as COMUNIDADES DE APRENDIZAGEM ficam circunscritas ao âmbito docente e ao processo de assimilar conceitos e matérias. Mas há alguns elementos mais que nos permitem distingui-las. Por exemplo, o número de integrantes das comunidades de aprendizagem é menor que o das CoPs. Além disso, as comunidades de aprendizagem chegam ao fim quando já se adquiriram os conhecimentos que foram objeto da aprendizagem. Por outro lado, além da necessidade da existência de um moderador/animador, coincidem plenamente na possibilidade de uma virtualidade total, no caso de que seja esta preferida à modalidade presencial. Como vimos, essa figura, como no caso das CoPs, é de importância vital para garantir o funcionamento das comunidades de aprendizagem.

Finalizando essa análise, comparemos as COMUNIDADES DE INTERESSE com as CoPs. Nas primeiras se compartilham informações e experiências, e estas podem ou não estar relacionadas com a práxis profissional. Por exemplo, no *site* Connexions – disponível em <http://cnx.org> –, profissionais relacionados com o mundo educativo compartilham recursos educativos de livre acesso, de forma colaborativa, e também informações sobre novidades desses recursos. No *site* E-LIS – disponível em <http://eprints.rclis.org> –, encontra-se o primeiro repositório de conteúdos de livre acesso, específico para bibliotecários. São dois exemplos muito ligados à profissão, porém não possibilitam o aprofundamento de conhecimento ou *expertise*, apenas oferecem possibilidades de compartilhar informação, novidades e recursos. Como dissemos anteriormente, as comunidades de interesse são um produto claramente derivado da internet. Trata-se de um tipo de comunidade totalmente virtual. Geralmente, um membro não conhece pessoalmente a maioria de seus companheiros, sendo provável que não conheça nenhum deles. A diferença entre as comunidades de aprendizagem e as de prática é que nas CoPs os membros se conhecem anteriormente à formação da comunidade. Mas uma característica comum entre as comunidades de interesse e as de prática é o interesse em participar, o que pode levar à existência de comunidades longevas, nas quais o interesse se renova continuamente.

Considerações finais

Ao longo deste capítulo, tentamos cobrir dois objetivos principais: por um lado, caracterizar as CoPs e, por outro, destacar e tornar evidente aquilo no que se assemelham e se diferenciam de outros grupos ou estruturas organizacionais utilizadas como estratégia para melhorar o funcionamento interno das organizações. A partir desses dois objetivos, é possível extrair um conjunto de conclusões interessantes e apontar algumas direções a respeito da evolução futura desse tipo de estrutura organizacional.

A primeira conclusão, apesar de parecer óbvia, mostra ser possível caracterizar as CoPs de forma que não sejam confundidas com outros grupos ou estruturas organizacionais. Tal caracterização permite-nos identificar uma CoP genuína e saber quando se trata de outra estratégia grupal.

A segunda conclusão está focada na possibilidade de identificar os elementos comuns e as diferenças entre as CoPs e outras estruturas ou grupos organizacionais sob análise.

A terceira conclusão aponta para o fato de que, devido à confusão que se criou em torno do termo, as CoPs, como estratégia para introduzir melhoras no funcionamento interno das organizações, não se encontram muito disseminadas e generalizadas. Mas há ainda outras razões, além da confusão terminológica, que podem explicar o baixo nível de integração desse tipo de estratégia nos processos das empresas. Entre essas causas, destacaríamos a dificuldade de se poder atribuir, de forma confiável, os custos organizacionais para esses projetos, a falta de indicadores que permitam avaliar a eficácia destes, o pouco tempo dedicado ao acompanhamento de seu desenvolvimento, bem como o escasso envolvimento da alta direção nesse tipo de projeto.

Considerando-se um cenário de curto e médio prazo, a consolidação e a expansão de CoPs nos contextos organizacionais podem depender de diversos fatores. Um deles é conseguir envolver a direção e obter seu apoio para acompanhar projetos desse tipo. Sem esse apoio, esses projetos estão fadados ao fracasso. Um exemplo desse auxílio seria a inclusão das comunidades como ação complementar aos programas de formação dos Departamentos de Recursos Humanos. É o caso, na Espanha, da Reial Automòbil Club de Catalunya (RACC), a qual utiliza CoPs para formar novos trabalhadores. Devido à grande expansão que a empresa tem experimentado nos últimos quatro anos, este se transformou num sistema rápido e eficaz para que os principiantes se coloquem à frente de seu posto de trabalho sem demora e de forma efetiva.

É necessário também acompanhar o desenvolvimento das comunidades com estratégias de formação para seus membros. Deve-se oferecer formação em técnicas de animação e gestão de grupos para o moderador e em alfabetização informacional para todos os participantes para que possam valer-se dos benefícios e da flexibilidade da implementação em linha nas comunidades.

Não menos importante é a criação de um circuito estável e aberto no qual sejam divulgados os desenvolvimentos que tiveram sucesso e também os fracassos das experiências relacionadas com CoPs. Isso permitiria refinar e melhorar as estratégias para promover e acompanhar a implantação de tais estruturas organizacionais, promovendo, com esse circuito estável, uma espécie de "metacomunidade" de prática, interessada no tema do desenvolvimento das próprias CoPs.

Por último, considerando-se o fator tecnológico, há importantes desafios pela frente. A expansão e a consolidação desse tipo de estratégia passam necessariamente, em primeiro lugar, pela errônea percepção dominante de que promover e acompanhar uma CoP se resume única e exclusivamente a uma implantação tecnológica. Corrigido esse equívoco, é preciso desenvolver um *software* adequado para satisfazer as seguintes condições: cobrir todas as necessidades da CoP (ferramentas de fácil manejo e o mais próximas possível da interface habitual de trabalho dos membros da CoP) e ser um padrão tecnológico no campo da implementação e em código aberto (*open source*), de modo que seu desenvolvimento não dependa da contratação de uma multinacional de informática. Sem o desenvolvimento de um *software* desse tipo, o futuro das comunidades e seus potenciais benefícios ficariam significativamente empobrecidos.

Não poderíamos finalizar estas conclusões sem apontar algumas linhas de pesquisa futura para ampliar e melhorar os conteúdos aqui apresentados. Ao longo do capítulo, identificamos a figura do moderador para garantir o bom funcionamento tanto das CoPs, em particular, como das comunidades de aprendizagem, em geral. Porém, não caracterizamos o perfil desse moderador nem descrevemos que habilidades deve possuir e quais competências deve adquirir. Ao reconhecer a importância do papel dessa figura, seria imprescindível dedicar um trabalho de pesquisa à análise e à descrição de suas características e competências.

Paralelamente, seria desejável aprofundar a identificação dos elementos que fazem com que as CoPs funcionem, assim como daqueles que dificultam sua consolidação. Essa é a "galinha dos ovos de ouro" que muitas organizações desejam encontrar, porque lhes ofereceria explicações do porquê de muitas iniciativas não chegarem ao grau de amadurecimento esperado. Contribuiria também para um possível modelo referencial, evitando que se cometessem sistematicamente os mesmos erros. Esperamos abordar essas questões em futuros trabalhos, pois tememos que as frustrações acabem por derivar em desestímulo sistemático de qualquer iniciativa relacionada com as CoPs. Isso representaria, em nosso entendimento, um lamentável recuo no fomento da aprendizagem e do conhecimento compartilhados, o que repercutiria, inevitavelmente, no futuro crescimento das organizações.

Questões para reflexão

1. Procure formular a melhor definição que puder sobre comunidades de prática e justifique-a.
2. Quais as principais características das comunidades de prática?
3. Que outros grupos têm sido confundidos com as comunidades de prática?
4. Que tipos de comunidades existem e como se formam?
5. Elabore, com base no presente capítulo, um quadro comparativo que estabeleça semelhanças e diferenças entre as comunidades de prática e outros tipos de grupos organizacionais, além daquelas apontadas no Quadro 5.1.

Sugestões de pesquisas futuras

1. Identificação do perfil de competências requerido para o moderador de comunidades de prática – quais as suas características mais importantes e que habilidades deve possuir e desenvolver.
2. Identificação dos elementos que fazem com que a comunidade de prática funcione, assim como daqueles que dificultam sua consolidação.

Referências

1. WENGER, E.; SNYDER, W. Communities of practice: the organizational frontier. **Harvard Business Review**, p. 139-145, Jan./Feb. 2000.
2. LAVE, J.; WENGER, E. **Situated learning**: legitimate peripheral participation. Cambridge: Cambridge University Press, 1991.
3. WENGER, E.; MCDERMOTT, R.; SNYDER, W. M. **Cultivating communities of practice**. Boston, MA: Harvard Business School Press, 2002.
4. VÁSQUEZ-BRONFMAN, S. **Comunidades de práctica**. Barcelona: Gestion del Conocimiento (GEC), 2002.
5. LESSER, E. L.; STORCK, J. Communities of practice and organizational performance. **IBM Systems Journal**, v. 40, n. 4, p. 831-841, 2001. Disponível em: <http://domino.research.ibm.com/tchjr/journalindex.nsf/e90fc5d047e64ebf85256bc80066919c/7bdba94e2d12135785256bfa00685e42!OpenDocument>. Acesso em: 10 ago. 2010.
6. BROWN, J. S. Sustaining knowledge ecologies in the digital age of change, change, change. In: ANNUAL BRAINTRUST KNOWLEDGE MANAGEMENT SUMMIT, 5., 2003, San Francisco, CA.
7. SANZ MARTOS, S. Comunitats de pràctica o l'aprenentatge compartit. **Revista Guix**: Elements d'Acció Educativa, v. 349, p. 29-33, 2008.
8. ROBBINS, S. P. **Comportamiento organizacional**. 10. ed. México: Pearson Educación, 2003.

9. Hellriegel, D.; Slocum, J. W. **Comportamiento organizacional**. México: Thomson, 2004.

10. Onrubia, J. Las aulas como comunidades de aprendizaje. **Trabajadores de la Enseñanza**, n. 249, p. 14-15, 2004. Disponível em: <http://www.fe.ccoo.es/publicaciones/TE/249/249.pdf>. Acesso em: 10 ago. 2010.

11. Armstrong, A.; Hagel, J. The real value of online communities. In: Lesser, E. L.; Fontaine, M. A.; Slusher, J. A. (Ed.). **Knowledge and communities**. Boston: Butterworth-Heinemann, 2000. p. 85-98.

Henrique Flávio Rodrigues da Silveira
Adalberto Felinto da Cruz Júnior

Capítulo 6
Inovação e aprendizagem em ambientes interorganizacionais colaborativos

Henrique Flávio Rodrigues da Silveira

Doutor e mestre em Ciência da Informação pela Universidade de Brasília – UnB (2005; 2001), com estágio de doutorando na University of Leeds, Inglaterra, entre 2003 e 2004. É analista do Banco Central do Brasil desde 1998, com atuação na área de planejamento, orçamento e custos, e professor universitário desde 1999 nos cursos de Administração de Empresas e de Sistemas de Informação do Centro Universitário do Distrito Federal – UDF. É também, desde 1999, instrutor da Escola Nacional de Administração Pública (Enap), vinculada ao Ministério do Planejamento, Orçamento e Gestão, e instrutor, desde 2001, da Escola de Administração Fazendária (Esaf), Brasília, vinculada ao Ministério da Fazenda, em cursos na área de gestão (planejamento, indicadores, projetos e custos).

Adalberto Felinto da Cruz Júnior

Doutorando em Ciência da Informação e mestre em Administração (2003) pela Universidade de Brasília – UnB. É analista do Banco Central do Brasil desde 2000, com atuação na área de planejamento, e professor dos cursos de Administração de Empresas e Administração Pública do Centro Universitário do Distrito Federal – UDF. Suas áreas de interesse são: planejamento, governança informacional, política de informação, gestão do conhecimento e da informação.

§

Resumo

Os processos de aprendizagem e inovação nas organizações têm se constituído como um dos mais importantes instrumentos de criação de oportunidades para a sobrevivência e o desenvolvimento das empresas no acirrado ambiente de competição do qual fazem parte. A busca pela constante atualização do rol de produtos e serviços é um fator relevante de sucesso empresarial, na medida em que favorece a manutenção e até a ampliação de sua participação nos mercados. Atualmente, a inovação é tida como essencial nas estratégias de diferenciação, competitividade e crescimento sustentado em um número cada vez maior de negócios. Nesse contexto, a produção de conhecimento vem ganhando, cada vez mais, características de heterogeneidade e interdisciplinaridade. As inovações mais relevantes começam a aparecer quando áreas de conhecimento antes separadas passam a criar fluxos compartilhados ou, ainda, fundem-se em novas áreas. No mesmo contexto a aprendizagem se torna um elemento essencial, pois permite colocar em prática novos procedimentos para resolver problemas, capacitar a utilização de conhecimentos externos, criar, dominar e desenvolver tecnologias, produtos e processos, compreender melhor a demanda de consumidores e usuários e possibilitar melhor interação entre estes. Observa-se que a necessidade de as empresas se manterem competitivas em ambientes de concorrência acirrada as leva a desenvolver processos de aprendizado e inovação. Esses processos, por força da intensificação dos movimentos de trocas (de informação, conhecimentos, competências e outros recursos) entre organizações, estão ocorrendo dentro de ambientes virtuais, de modo a favorecer o desempenho das empresas que passam a trabalhar com base em uma lógica colaborativa.

Introdução

Uma das principais características dos tempos contemporâneos é a intensa onda de mudanças que têm impactado todas as dimensões da humanidade. Transformações estão sendo experimentadas nos níveis científico, econômico, político e cultural da sociedade e têm resultado em um processo de profundas reestruturações comportamentais e organizacionais. Essas transformações acirraram-se com os acelerados avanços da ciência e da tecnologia e com o aprofundamento do fenômeno da globalização e da reestruturação dos mercados nacionais.

Esses fenômenos, que ganharam maior força no último quartil do século passado, ajudaram a formar um ambiente de bastante volatilidade para as empresas. Subitamente, elas passaram a competir num mercado ampliado em escala mundial, não contando mais com as tradicionais barreiras que impediam o acesso dos mercados a produtos e serviços estrangeiros. A competição passou a ser o traço caracterizador da economia contemporânea, vista não somente com relação aos concorrentes nacionais ou internacionais, mas também pela necessidade de se manter permanentemente atualizada em face dos sucessivos avanços promovidos pela ciência e pela tecnologia, sempre a criar novas necessidades e opções para os consumidores. Dessa forma, se a busca de competitividade exige uma postura de prontidão e preparo para a inovação como forma de resposta às exigências do mercado, há de se considerar a necessidade de as organizações formarem, articularem e coordenarem competências de diferentes naturezas a fim de se colocarem à altura de tais exigências.

Em decorrência desse movimento de hipercompetitividade e na busca por inovação e flexibilidade, vem-se verificando um crescente envolvimento das organizações com alianças e parcerias que as levam a agir além das tradicionais fronteiras organizacionais[1;2]. Os desafios que as organizações enfrentam requerem cada vez mais o esforço colaborativo e a efetiva ação coordenada de várias organizações, incluindo governo, setor privado e terceiro setor. Colaborar tornou-se, assim, um imperativo para fazer face às demandas apresentadas por um mercado cada vez mais exigente e ávido por novidades.

Nesta nova era, conceitos tradicionais são abandonados ou questionados, e o próprio conceito de "organização" está mudando, de forma a refletir os desafios inerentes a esse novo ambiente. Na sociedade interconectada, a fonte primária de criação de valor mudou da ênfase na produtividade para a ênfase nos relacionamentos, enquanto a capacidade de colaborar tornou-se uma competência-chave para a organização na busca incessante por eficiência e inovação[3;4]. Consequentemente, uma das mais importantes competências das organizações está na habilidade para integrar competências de parceiros e agregar valor aos negócios[5]. As empresas tendem, assim, a manter sua atenção em recursos úteis e necessários que, muitas vezes, se encontram fora das suas fronteiras organizacionais. Para isso, contam com as novas tecnologias, as quais oferecem muitas possibilidades de incorporação desses recursos à ação organizacional[2;6].

De fato, a nova economia tem desafiado as organizações de muitas maneiras. Para muitas delas, as parcerias estratégicas têm se tornado importantes para o sucesso num ambiente de rápidas mudanças, com uma clara tendência de os processos organizacionais perpassarem fronteiras entre as organizações[7]. Essas circunstâncias, aliadas à larga utilização das tecnologias "virtuais" e ao acirramento do fenômeno da globalização, estão conduzindo a um *blurring* (perda de nitidez) das fronteiras organizacionais. Assim é que Riempp[8] observa que as fronteiras organizacionais estão se dissolvendo, de forma a atingir uma reação mais rápida às necessidades do consumidor. Entretanto, quando as fronteiras organizacionais se tornam indistintas, por meio do compartilhamento de processos, *expertise*, pessoal e outros recursos, novas fontes de integridade organizacional, identidade e propriedade do capital intelectual precisam ser discutidas[9].

Arranjos organizacionais e ambientes informacionais cooperativos

Novas formas organizacionais são possíveis porque a tecnologia da informação tem a capacidade de mudar a configuração tradicional de espaço-tempo. Grandes transformações estão ocorrendo nas estruturas sociais e organizacionais, associadas com o uso intensivo de tecnologia da informação, a qual é vista como direcionadora-chave para gerar formas de organização baseadas no mercado, como a organização interconectada, a organização virtual e a organização modular[10].

Arranjos organizacionais mais flexíveis demandam e facilitam maneiras de pensar que transcendem os estreitos domínios profissionais, de serviço ou de setor[11]. Nessa perspectiva o senso de ausência de fronteiras, de local e de particularidades justapõe-se ao senso de universal, de generalizável e de abstrato. Isso se reflete na emergência de formas de organizações baseadas no mercado, com ênfase em *outsourcing* e relacionamentos interorganizacionais[10].

Considerando-se que muitas habilidades e recursos essenciais para a organização estão fora de suas fronteiras e, portanto, fora do controle direto da gerência, parcerias e alianças não devem mais ser vistas como opções, mas como uma necessidade. Para Filos e Banahan[4], sinergias são inerentes em relacionamentos interativos e multifacetados, e nenhuma organização hoje pode permanecer como "uma ilha".

Nesse contexto, o desenvolvimento de ambientes de informação cooperativos é uma questão cada vez mais importante. Arcieri et al.[12] creditam esse fato a uma explosão da disponibilidade de redes e ao contínuo crescimento da presença de sistemas de informação no dia a dia das organizações. Entretanto, as tradicionais metodologias de desenvolvimento de sistemas de informação têm seu foco em necessidades informacionais específicas de uma organização[13;14;15;16;17]. Nesse sentido, as organizações têm desenvolvido seus próprios sistemas de informação sem necessariamente pensar em termos de cooperação com outras entidades fora de suas fronteiras. Agora, com a conectividade tecnicamente possível e economicamente viável, a integração entre sistemas legados se prova mais difícil de obter[12].

Por outro lado, a migração para um ambiente colaborativo com a prevalência de sistemas interorganizacionais pode ser considerada uma mudança de paradigma, na forma sugerida por Kuhn[18]. Assim, essa migração precisa ser encarada pelas organizações com políticas e estratégias adequadas para o novo ambiente. Portanto, migrar da forma tradicional de planejar, desenvolver e gerir ambientes informacionais em direção a uma nova abordagem colaborativa, com novos benefícios e novos riscos, implica a aceitação de um novo paradigma, ou novo modelo, com outra configuração e outras regras. Mas todas essas mudanças devem motivar algum tipo de resistência.

De acordo com Kuhn[18], as resistências em relação ao novo paradigma têm um importante papel a desempenhar. As resistências asseguram que o velho paradigma não será facilmente abandonado e a crise que resulta do conflito vai indicar que é tempo de renovar profundamente o conjunto de conhecimentos existentes, enquanto as diferenças entre dois paradigmas sucessivos são, ao mesmo tempo, necessárias e inconciliáveis. A transição para um novo paradigma não é a reorganização do velho: é necessário modificar concepções, métodos e objetivos. Para enfrentar esse desafio, talvez sejam necessários não apenas novos ambientes informacionais, mas também novas organizações. Em termos práticos, isso significa uma reorientação à interação e à cooperação entre os diferentes atores que atuam no negócio.

Crescentemente, a eficácia e a eficiência das organizações dependem do compartilhamento de ações, havendo uma nova divisão de tarefas no cenário que impõe às instituições mudanças significativas de postura. Mudam, assim, a divisão do trabalho, o espaço e as fronteiras de atuação das organizações, levando-as a criar competências específicas e essenciais à estruturação de redes vinculadas a cadeias produtivas. Desse modo, as empresas têm se tornado lócus de cultura, criatividade e inovação, em razão da mudança do paradigma centrado nos fluxos materiais para o paradigma centrado nos fluxos de informação. Nesse contexto, parcerias e cooperações são cada vez mais frequentes e necessárias, pois essa sinergia de competências e recursos gera o dinamismo inerente aos processos organizacionais. Portanto, a capacidade de trabalhar em equipe torna-se insumo essencial e significa saber captar e entender a lógica e o papel de cada parceiro. Significa, ainda, extrair lições que, diminuindo os desperdícios e as ineficiências, levem à obtenção de melhores resultados[19].

Aprendizagem e inovação

Observa-se que os processos de aprendizagem e inovação nas organizações têm se constituído num dos mais importantes instrumentos de criação de oportunidades para a sobrevivência e o desenvolvimento das empresas no acirrado ambiente de competição do qual fazem parte. A busca pela constante atualização do rol de produtos e serviços é um fator relevante de sucesso empresarial, na medida em que favorece a manutenção e até a ampliação de sua participação nos mercados. Assim, a inovação é tida atualmente como essencial nas estratégias de diferenciação, competitividade e crescimento sustentado em um número cada vez maior de negócios. A adoção de estratégias e práticas inovadoras nas empresas está intimamente associada à necessidade de atuar sobre os condicionantes estruturais dos seus mercados, de explorar novas oportunidades e lacunas do mercado ainda não trabalhadas e de criar vantagens competitivas de modo a garantir retornos superiores aos dos concorrentes.

Por outro lado, o processo de inovação caracteriza-se por acontecer num ambiente de incerteza, no qual as condições e os resultados não são conhecidos de antemão. O processo é delimitado por fatores relativos à natureza da tecnologia, condicionado pelo ambiente institucional objetivamente buscado pelos agentes, e é dependente do aprendizado e das capacidades individuais e coletivas.

Cada vez mais, a produção de conhecimento vem ganhando características de heterogeneidade e interdisciplinaridade. Inovações mais relevantes começam a aparecer quando áreas de conhecimento antes separadas passam a criar fluxos compartilhados ou, ainda, se fundem em novas áreas. Aqui a aprendizagem se torna um elemento essencial, pois permite colocar em prática novos procedimentos para resolver problemas, capacitar a utilização de conhecimentos externos, criar, dominar e desenvolver tecnologias, produtos e processos, para melhor compreender a demanda de consumidores e usuários e possibilitar melhor interação entre estes[20].

Tem-se, portanto, presente que a necessidade das empresas de se manterem competitivas em ambientes de concorrência acirrada as leva a desenvolver processos de aprendizado e inovação. Tais processos, por força da intensificação dos movimentos de trocas (de informação, conhecimentos, competências e outros recursos) entre organizações, estão ocorrendo dentro de ambientes virtuais, favorecendo o desempenho das empresas, que passam a trabalhar com base em uma lógica colaborativa. É essa a ideia-síntese apresentada no presente capítulo e representada na figura a seguir.

Figura 6.1 – Modelo teórico do processo inovação-aprendizado

Para o desenvolvimento dessa ideia, o presente capítulo está estruturado em seis partes. Na primeira (introdução), abordam-se, preliminarmente, os conceitos centrais do texto e procura-se estabelecer as relações de complementaridade entre eles com a apresentação de um esquema conceitual de entendimento do capítulo. Na segunda e terceira partes, são enfocados os temas do aprendizado organizacional e da inovação, respectivamente. Esses assuntos são tratados de forma concatenada, dada sua natureza reciprocamente complementar e considerando-se que a inovação é fruto do processo de aprendizagem. Na quarta parte, discorre-se sobre as novas configurações das organizações, provenientes da intensificação dos movimentos de virtualização das estruturas organizacionais. Esse movimento ganha relevo em face da necessidade de colaboração entre empresas em busca de intercâmbio de recursos vitais para sua sobrevivência. Na quinta parte, é apresentado o conceito de ambiente informacional cooperativo como lócus privilegiado para a efetivação das trocas interorganizacionais. A sexta e última parte é dedicada às considerações finais do capítulo.

Aprendizagem organizacional

O surgimento e o crescimento das organizações sempre estiveram associados à geração e ao compartilhamento de algum tipo de conhecimento e, portanto, ao processo de aprendizagem e inovação. Nesse sentido, as organizações podem ser consideradas lócus do surgimento, da construção, da seleção, do uso e do desenvolvimento do conhecimento incrustado nos grupos, nas estruturas, nos papéis e nos procedimentos ou nos indivíduos[21].

Na era do conhecimento, as organizações competitivas precisam fazer mudanças estratégicas frequentes, adaptando-se às necessidades de desenvolvimento impostas pela dinâmica organizacional. A crescente instabilidade no ambiente transforma a gestão do conhecimento em um mecanismo fundamental para o desenvolvimento e a competitividade das organizações[22]. Para que o conhecimento se manifeste de forma adequada, Garvin et al.[22] afirmam que as organizações devem voltar-se para o aprendizado, de forma que apresentem condições ambientais, de infraestrutura e de pessoal que favoreçam a geração do conhecimento, adotando práticas que permitam sua eclosão e perpetuação, em um verdadeiro processo de contínuo aprendizado organizacional.

Ao mesmo tempo que o ambiente de negócios se torna mais aberto e competitivo, são exigidas qualificações mais amplas e flexíveis. Porém, não basta a atualização técnica, é preciso desenvolver um conjunto de competências básicas no ambiente de negócios, que garantam à organização sua vantagem competitiva. Entre essas competências, destaca-se a de APRENDER A APRENDER. O desafio está, pois, em descobrir métodos e ferramentas gerenciais para acelerar a aprendizagem organizacional, chegar a um consenso para a mudança e facilitar o processo de mudança[23].

Argyris e Schön[24] conceituam a aprendizagem organizacional como o conjunto de práticas e comportamentos que ajudam a empresa a transcender o modelo de simples manutenção do conhecimento, buscando questionar o que aprendeu, revisando os seus princípios, tornando-se efetivamente uma organização de aprendizagem. Ou seja, a organização deve habilitar-se para a criação, a aquisição e a transferência de conhecimentos e para modificar seus comportamentos a fim de refletir os novos conhecimentos e *insights*[25]. Ademais, a aprendizagem organizacional implica uma reestruturação da cultura da empresa, criando, no interior da organização, um estado de espírito que oriente os colaboradores para o entendimento do pensamento complexo e sua aplicação ao conhecimento técnico[26].

Usualmente, as questões relacionadas ao aprendizado em uma organização encontram-se centradas no funcionário, até porque o aprendizado depende antes de tudo do seu engajamento naquelas metas organizacionais. Nas organizações, o conhecimento se manifesta de várias formas, porém, na maioria delas, a geração do conhecimento se resume à contratação de pessoas qualificadas, submetidas a treinamentos específicos. Para tais organizações, o processo de criação do conhecimento se dá com base nas habilidades e capacidades individuais. Contudo, o ciclo de aprendizado individual, embora necessário ao aprendizado coletivo, não é suficiente para que ocorra a aprendizagem organizacional. Uma organização aprende não apenas quando alguém faz melhor o seu trabalho, mas também quando, como resultado disso, outros membros mudam sua maneira de atuar para obter um melhor resultado. Nesse sentido, pode-se afirmar que a aprendizagem coletiva implica mudança organizacional. Fleury e Fleury[27: p.153] sugerem que o processo de aprendizagem em uma organização "não só envolve a elaboração de novos mapas cognitivos, que possibilitem compreender melhor o que está ocorrendo em seu ambiente externo e interno, como, também, a definição de novos comportamentos, que comprovem a efetividade do aprendizado".

Visando à sua efetiva consolidação, torna-se necessário que a aprendizagem faça parte da estratégia da organização. Para que o conhecimento realmente se desenvolva, é mister o compartilhamento de ideias por meio de um ciclo deliberado em grande escala no qual centenas de pessoas, como parte natural de seus trabalhos, participem de diferentes partes desse ciclo. Como resultado, os processos e as capacidades da organização melhorariam continuamente[28].

Um desafio crítico para as organizações voltadas para o aprendizado consiste em entender o processo de transferência pelo qual o conhecimento e o aprendizado individual (modelos mentais) são incorporados à memória da organização. A partir dessa compreensão, o aprendizado pode ser gerenciado por meio de metas, visão e valores da organização. O ciclo de aprendizado organizacional consiste, então, em um processo de transferência de conhecimento a partir do aprendizado individual, no qual as ações individuais se traduzem em ações da organização, produzindo resultados (reação do ambiente). Conforme Kim, citado por Wardman[29], a reação do ambiente realimenta o aprendizado individual, que influencia os modelos mentais individuais e a memória da organização.

A identidade individual das organizações impede a existência de modelos únicos de aprendizagem. Cada organização deve criar formas apropriadas de geração de conhecimento por meio de um processo de aprendizagem peculiar e específico, a partir da descoberta de suas habilidades e competências fundamentais. Wick e Léon[30], com base em estudos empíricos em empresas norte-americanas, delinearem uma fórmula para a criação da organização que aprende, na qual todos os elementos são imprescindíveis.

Segundo esses autores, a primeira condição para a criação de uma organização que aprende é a existência de uma liderança com visão clara e convicção sobre os rumos a serem seguidos. Essa liderança deve ter a capacidade de comunicação, coerência de visão e orientação. Tendo um líder de visão, a organização deve ser capaz de elaborar um plano de ação com parâmetros transparentes e critérios específicos para aferição dos resultados. Outro componente fundamental do modelo de aprendizado é a própria informação, que deve fluir com agilidade e transparência. É ela que proporciona celeridade e agudeza em qualquer ambiente de negócios, podendo vir tanto do ambiente interno quanto do ambiente externo à organização. Uma vez que a organização tenha uma liderança de visão, um plano robusto e mensurável e informações precisas dos ambientes interno e externo, estão criadas as condições para a emergência da criatividade, fator diferencial para a eficácia empresarial. É nessa etapa que a organização dá vazão a seus elementos caracterizadores e se faz distinguir da concorrência. Na sequência, vem a etapa de implementação: o momento de atuar, de agir, de dar continuidade e de persistir na busca dos objetivos traçados. A presença desses elementos torna a organização capaz de diferenciar-se, de ser criativa e inovadora, reunindo condições de lograr êxito no mercado.

A fim de que os processos de aprendizado tenham eficácia, é necessário que estejam ancorados em um projeto de aprimoramento contínuo. A capacidade de aprender somente pode ser aprimorada e acelerada se os processos de aprendizado forem explicitados de forma a tornar o ambiente interno mais propício ao aprendizado, melhorando a infraestrutura de aprendizagem e aperfeiçoando o conhecimento e as habilidades das pessoas. O aprendizado não é um fim em si mesmo, mas deve fazer parte de um projeto de futuro das pessoas e da organização. Deve, principalmente, estar vinculado a uma estratégia de desenvolvimento organizacional com foco na inovação como atributo essencial para atração e retenção de clientes e geração de ganhos continuados.

Inovação como produto da aprendizagem

As organizações podem ser vistas como entes associados à existência de competências individuais ou coletivas, aprimoradas e mantidas pela dinâmica organizacional[31]. Nessa abordagem, as organizações assumem um caráter dinâmico e se comportam como verdadeiros processadores de conhecimento, metabolizando temas como inovação, aprendizado e mudança[21]. Assim, as organizações se diferenciam em função da maneira como são mobilizados os recursos organizacionais, com vistas a alcançar vantagens competitivas sustentáveis[32].

Organizações são essencialmente entidades de aprendizagem e inovação que proporcionam vantagens competitivas em escala. São ambientes adequados para o cultivo de capacidades inovadoras e geração de conhecimento. A questão da gestão do conhecimento tem adquirido enorme relevância para as organizações, tendo em vista o papel que a inovação tecnológica tem assumido como diferencial competitivo. Conforme Nogueira[33], nos últimos anos,

> *a vertiginosa evolução tecnológica tem gerado a necessidade de se criar inovação a um ritmo cada vez maior por parte das empresas. Essa exigência envolve as políticas de P&D, diretamente relacionadas com a geração de conhecimento, assim como a criação de culturas corporativas que favoreçam a inovação em todas as áreas das empresas. Isso pode ser obtido pela valorização da criatividade, da participação dos funcionários, do aprendizado com os erros e a criação de ambientes que favoreçam o aproveitamento dos conhecimentos tácitos [...]. Assim, as competências corporativas relacionadas à aquisição, disseminação e geração de conhecimento tornaram-se extremamente importantes como ferramentas competitivas.*

Tidd, Bessant e Pavitt[34] afirmam que o processo de inovação organizacional também pode ser visto como estímulo de revitalização dos procedimentos internos que desempenham papel estratégico na vida organizacional. A inovação, entendida como instrumento de mudanças de coisas (produtos e serviços) e meios, apresenta-se como fator de diferenciação mercadológica, geração de competências críticas e aprendizagem organizacional, implicando desenvolvimento e assimilação de conhecimento.

Como resultado do processo de inovação, segundo esses autores, as empresas podem ser levadas a criar um ambiente favorável à renovação constante com a instauração de um ciclo virtuoso de inovação contínua. Não importa quão bem desenvolvidos sejam os sistemas de definição e desenvolvimento de produtos e serviços inovadores, a probabilidade de sucesso de uma inovação será maior quando o contexto organizacional for favorável à renovação. As inovações demandam muita energia para superar a inércia natural das organizações, principalmente levando-se em conta que novas ideias desafiam o *status* vigente, sempre enfrentando dificuldades de aceitação. Por isso, as mudanças que requerem renovação de mentalidade e redirecionamento nas estruturas organizacionais precisam de uma articulação estruturada e de uma nova visão, que somente será possível em modelos de organização mais orgânicos. Esse fato tem levado as organizações a criarem estruturas melhores, adaptadas às transformações e às mudanças rápidas e com maior interação com a complexidade ambiental[34].

Ainda segundo Tidd, Bessant e Pavitt[34], o processo bem-sucedido de inovações depende de estruturas organizacionais suficientemente diversificadas e flexíveis, bem como da habilidade de relacionar adequadamente essas estruturas. Evidentemente não há uma estrutura única que seja a melhor para tratar de inovação, mas as organizações de sucesso tendem a desenvolver melhor a adequação entre estruturas e as operações de contingência advindas da necessidade de renovação, ditadas pelo ambiente. Tem-se relacionado o desafio-chave para o gerenciamento das inovações à capacidade de conseguir formas estruturais mais adaptáveis a cada circunstância, permitindo e reforçando o desenvolvimento de comportamentos e competências inovadoras. Por isso, são pontos essenciais para o aprimoramento da gestão da inovação o aprendizado e a adaptação que levam à renovação empresarial, a interação entre tecnologia, mercado e empresa, o estímulo e a manutenção de comportamentos e competências que contribuam para que a inovação ocorra e um contexto organizacional que permita a continuidade das mudanças.

Do ponto de vista da geração de conhecimento, a inovação pode ser entendida como um ciclo de aprendizado que envolve experimentação, reflexão e consolidação. O gerenciamento desse processo requer condições adequadas, nas quais as oportunidades de aprendizagem surgem e são exploradas. Como mencionado, há de se fazer distinção entre a aprendizagem individual e a organizacional. Os indivíduos aprendem no contexto das organizações, e o seu aprendizado afeta a *performance* da organização. Mas esse tipo de aprendizado difere do aprendizado organizacional, que inclui aspectos culturais, processuais e estruturais. A gestão do desenvolvimento e da implantação da inovação depende de um processo de aprendizado em que exista a preocupação em construir e integrar competências a serem incorporadas na forma de rotinas pelas empresas. Esse aprendizado ocorre por meio do compartilhamento de experiências e da introdução de novos conceitos, novas ideias, ferramentas e técnicas e da reflexão estruturada sobre como a inovação é gerenciada[35].

O processo de inovação é entendido por Santos António[36] como a ambiência de contínua mudança e intensa utilização de novas tecnologias com vistas, principalmente, à sobrevivência das empresas em um mercado turbulento e de hipercompetitividade, que as impele à identificação, à obtenção e ao desenvolvimento de competências como forma de obter vantagens competitivas e maior lucratividade. As competências distintivas da empresa baseiam-se nos seus recursos tangíveis e intangíveis, sendo objetivo de uma organização obter ou organizar recursos superiores aos de seus concorrentes.

Sobre a questão das competências como parte integrante do processo de inovação, num contexto de diferenciação estratégica, Prahalad e Hamel[37] desenvolveram o conceito de "competência essencial" (*core competence*). Esse conceito compreende um conjunto de conhecimentos, habilidades, tecnologias, sistemas físicos, gerenciais e valores difíceis de serem imitados pela concorrência, mas que são distinguidos e valorados pelos consumidores. Se as citadas competências não produzirem bens ou serviços percebidos pelos clientes como sendo de valor superior, não podem ser consideradas essenciais. Na ótica dessa abordagem, a geração de valor para o cliente é uma forma de garantir distinção e sobrevivência no mercado.

Com o propósito de dar sustentabilidade ao processo de inovação, as empresas devem buscar o aprimoramento de competências que lhes garantam a sobrevivência no mercado, estimulando a aprendizagem individual e coletiva, englobando, simultaneamente, a assimilação de conhecimentos, a integração de habilidades e a adoção de atitudes importantes para a obtenção de elevado desempenho empresarial. Para tanto, o aprendizado não deve ser entendido simplesmente como absorção de informação, e sim como um processo que começa quando os indivíduos descobrem que seus modelos mentais (que indicam as consequências esperadas em uma ação em particular, sob uma variedade de condições assumidas) estão em erro. Conforme Argyris e Schön, citados por Hodgson[31], por causa das discrepâncias entre os resultados esperados e os efetivamente alcançados, as pessoas começam a revisar seus modelos e, assim, aprendem.

Segundo Hodgson[31], a habilidade das organizações de cuidar da aprendizagem, da inovação tecnológica, da pesquisa e do desenvolvimento pode ser considerada a principal razão para sua existência. Atualmente, é amplamente aceito que aprendizagem e mudanças tecnológicas não podem ser adequadamente abordadas em estruturas estáticas e autônomas, sendo necessária a construção de perspectivas interdependentes e relacionais, em que surge o entendimento sobre uma nova forma de organização.

As novas organizações

Existe uma profusão de termos correntemente usados para descrever a "nova organização": *organização ágil, em rede, virtual, estendida (extended enterprise), do conhecimento (knowledge enterprise), do aprendizado (learning organisation)* e "*inteligente*" (*smart organisation*). A despeito da proliferação de terminologias sobre a "nova organização", Filos e Banahan[4] destacam algumas características comuns, quais sejam: hierarquias mais leves, estruturas dinâmicas, delegação de poderes (*empowerment*), valorização das capacidades e competências individuais e do processo de contínuo aprendizado e inovação. Indubitavelmente, a organização da era digital é interconectada e inter-relacionada no nível da infraestrutura informacional e no nível organizacional, tendo-se abandonado as estruturas hierárquicas tradicionais e implantado times multifuncionais interconectados (*knowledge networking*).

Ainda para os autores, o espaço virtual, no qual as organizações são levadas a atuar, caracteriza-se pelos seguintes aspectos: conectividade e emergência de ambientes interconectados, interoperabilidade e organizações "sem fronteiras", além de alta velocidade e qualidade do fluxo de comunicação e informação. Todas essas características moldam a imagem de uma organização do tipo "superconectada" (*hyper-linked*).

As organizações virtuais podem ser desenvolvidas nas seguintes situações:

i. quando uma organização singular se divide em várias organizações distribuídas;
ii. quando o trabalho é distribuído entre várias organizações diferentes;
iii. quando a organização virtual é "oportunista", isto é, quando ela é desenvolvida apenas para aproveitar uma oportunidade, sem senso de permanência[38].

Em qualquer situação, um ambiente informacional cooperativo é condição para o sucesso da organização virtual. A relação entre o conceito de organização virtual e redes informacionais deriva da noção implícita de agilidade, presente no conceito. Para Devine e Filos[39], uma organização virtual é uma coleção de entidades, geograficamente distribuídas e funcional e/ou culturalmente diversas, conectadas por meio de tecnologias da informação e da comunicação, que se apoiam em relacionamentos laterais e dinâmicos para a necessária coordenação das ações.

As organizações virtuais representam colaboração de grupos de organizações autônomas preexistentes, que seletivamente compartilham *expertise*, habilidades e recursos de forma a alcançar um produto ou serviço comum[40]. Nesse sentido, uma organização virtual pode ser entendida como uma coalizão temporária de várias organizações legalmente independentes, com o propósito de oferecer conjuntamente um produto, um serviço ou atender a uma demanda ou necessidade específica. Os participantes de uma organização virtual estão conectados pela tecnologia da informação para compartilhar recursos, habilidades, custos, competências, infraestrutura e processos de negócio, e espera-se dessa associação um elevado nível de proficiência, derivada da sinergia na combinação de funções especializadas e habilidades[5;8;41].

Uma organização virtual ocorre em resposta às necessidades do consumidor, sendo ela uma agregação temporária de organizações autônomas e possivelmente heterogêneas, concebida para prover flexibilidade e adaptabilidade às mudanças frequentes que caracterizam os cenários de negócios, oferecendo produtos ou serviços que não poderiam ser oferecidos em tempo e com custo adequado por nenhum dos parceiros individualmente[42].

Vários são os fatores que direcionam a crescente cooperação entre organizações, como as rápidas transformações tecnológicas, o processo de globalização e a tendência de concentração em competências-chave (*core competencies*)[43]. Entretanto, a despeito do fato de que as organizações estão se movendo em direção à cooperação, a transição na era digital envolve muito mais do que estabelecer uma infraestrutura tecnológica e a habilidade de colaborar com parceiros. O desafio inclui aprender a desenvolver projetos envolvendo diferentes equipes, de diferentes organizações. Algumas questões como fronteiras e integração social devem ser consideradas, pondo-se em evidência a necessidade de promover integração e trabalho cooperativo com uma *performance* incrementada.

Em relacionamentos assimétricos – no caso de uma organização desenvolver uma dependência de recursos em relação à outra –, a organização dependente pode estar em risco. Fronteiras usualmente demarcam a propriedade e a legitimidade de acesso aos recursos. No novo ambiente, transações interorganizacionais e relacionamentos fazem emergir novas regras de interação, e a questão da confiança entre os parceiros parece crucial[9;44].

Comumente, o conceito de organização virtual é associado à ideia de uma sociedade de curta duração[5;8;41;42]. Mas alguns relacionamentos parecem não ter tempo definido para terminar, e algumas alianças estratégicas persistem além da vida útil anteriormente prevista[45]. O atributo de temporalidade deriva do fato de que a organização virtual frequentemente é considerada para missões orientadas e de curta duração, existindo apenas enquanto a parceria provê alto retorno. Entretanto, essa característica de temporalidade pode afetar a, confiança, usualmente associada a relacionamentos de longo prazo. Assim, algumas organizações virtuais podem existir para além de um projeto singular, no qual as demandas sociais têm caráter permanente. O desafio consiste em entender como as organizações podem lidar com questões emergentes, quando sistemas, processos e recursos cruzam fronteiras corporativas, e como superar o desafio de coordenar processos e recursos além de fronteiras legais e corporativas, lidando com fatores como propriedade e definição de políticas.

Ambientes informacionais cooperativos*

Relacionamentos são, indubitavelmente, uma poderosa fonte de criação de valor. Spinosa e Quandt[47] enfatizam a adoção de políticas que assegurem a geração, o uso, a manutenção e a disseminação do capital intelectual na rede, isto é, a gestão da informação em uma organização virtual, configurando o que se pode chamar de *ambientes informacionais cooperativos*.

Em relação ao desenvolvimento de tais ambientes, os problemas realmente difíceis quase nunca são de natureza técnica, mas de natureza organizacional[12]. De fato, nos últimos anos, a disponibilidade da capacidade computacional e de conectividade a preços acessíveis tem alcançado níveis que teriam sido inacreditáveis apenas vinte anos atrás. Com isso, tornou-se factível a implementação de quase qualquer solução tecnológica necessária.

Para além de outras questões técnicas, o grande desafio consiste na construção de um sistema de informação cooperativo capaz de dar suporte à forma pela qual as organizações interagem. Esse sistema deve ser minimamente intrusivo, favorecendo uma real e efetiva cooperação. A questão que se coloca é a capacidade para integrar diferentes tipos de abordagens, arquiteturas, tecnologias e, acima de tudo, o entendimento sobre cada domínio em particular[48].

Portanto, novas formas de interoperabilidade precisam ser adotadas, sendo um dos objetivos mais difíceis de serem alcançados o desenvolvimento de sistemas de informação cooperativos que possibilitem a coerência dos conjuntos de dados geralmente distribuídos. Lembram Arcieri et al.[12] que, se, por um lado, os dados são independente e autonomamente gerenciados pelas várias organizações, por outro lado, são também necessários e usados fora da organização que os produz e que gerencia e controla as mudanças.

* *Esta seção é baseada em Silveira*[46].

Mutschke e Haase[49] argumentam que a estrutura social é um fator-chave no entendimento da difusão de ideias, da transferência de conhecimento, e, mais importante, para a criação de novo conhecimento. Assim também para Castelfranchi[44] e Burnett[6], o acesso à informação não é mais concebido apenas como problema técnico, mas como um processo social, por causa de aspectos dominantes, como direitos, privacidade, papéis (*roles*) etc.

O real desafio na construção e na gestão de ambientes informacionais cooperativos é o compartilhamento de significados, uma vez que a informação – assim como o conteúdo da interação social – provê os materiais brutos a partir dos quais a "construção de significados" pode acontecer. Para Wilson et al.[50], algum tipo de incerteza resulta da imprecisão de palavras e ideias, devendo-se então reduzir esse tipo de incerteza e construir "significados comuns".

Em outro trabalho, Wilson[51] qualifica a informação como um conceito socialmente construído. Sendo parte de um processo social, a informação está relacionada com a percepção humana e com a ideia de "significado", podendo diferentes atores ter diferentes percepções do mesmo fenômeno ou situação. O mesmo autor destaca que as abordagens humanísticas, geralmente, veem a realidade social como construída por meio da ação social das pessoas, que levam a efeito atos que têm significado para elas.

Há de se levar em conta que nosso conhecimento da realidade é resultado do condicionamento social, não podendo ser entendido independentemente dos atores sociais envolvidos no processo de derivação desse conhecimento[52]. Construção social e significado se tornam centrais para a maioria dos humanistas, em contraste com visões positivistas da natureza da realidade social, segundo as quais fatos sociais podem ser conhecidos com certeza, e as leis de causa e efeito podem ser descobertas e aplicadas.

Para Allen e Wilson[53], o significado é transmitido, reproduzido e criado por meio de símbolos e linguagem, sendo que o significado organizacional restringe a ação de seus próprios criadores. Esse tipo de construto poderia ser mais bem entendido com a análise de sagas organizacionais, lendas, mitos e histórias que moldam a cultura organizacional.

Por isso, diferentes organizações, com diferentes culturas organizacionais, terão visões diferentes de como um dado sistema poderia ser gerenciado, usado e desenvolvido. Como suporte a essas diferenças, encontram-se perspectivas organizacionais e profissionais muito diferentes[11]. Consequentemente, o sucesso de um ambiente informacional cooperativo depende de quão bem gerenciadas forem as diferentes culturas organizacionais.

O compartilhamento de informações, de acordo com Kolekofski e Heminger[54], frequentemente é influenciado pelos relacionamentos interpessoais. Amizade e contatos pessoais influenciam fortemente a comunicação entre indivíduos. Os autores ainda destacam que esses fatores contribuem para incrementar o compartilhamento da informação, além de atender a interesses individuais.

Nenhuma comunidade, nenhuma comunicação efetiva ou cooperação é possível sem algum nível de interpretação comum do mundo e entendimento mútuo. Para Castelfranchi[44], uma ontologia, por exemplo, existe para ser compartilhada, para ser institucionalmente padronizada ou negociada entre os agentes para entendimento mútuo, intercâmbio de informações e colaboração.

Entretanto, uma ontologia compartilhada não nasce pronta ou como resultado de mágica; é produto de uma interpretação comum do mundo e das experiências, da interação e da cooperação e, de alguma forma, da negociação implícita ou explícita sobre significados. Os problemas sociais de compartilhamento e de entendimento mútuo são realmente as questões subliminares que importam. É necessário, então, oferecer oportunidades para construir esse entendimento mútuo[1].

Quanto à contextualização, os novos ambientes informacionais cooperativos precisam ser desenvolvidos com uma perspectiva centrada nos usuários, independentemente dos diferentes ambientes organizacionais dos quais provêm os usuários. Mutschke e Haase[49] propõem uma técnica, que chamaram de *análise sociocognitiva*, para lidar com a questão do significado comum em redes. Os autores a descrevem como uma representação de metaestruturas, comparável à estrutura social de um campo de pesquisa que usa informação bibliográfica.

Os ambientes informacionais cooperativos a serem desenvolvidos devem ser socialmente especificados e integrados. Precisam estar envolvidos em relacionamentos sociais reais, porque atuam como mediadores entre humanos[44]. Esses tipos de ambiente devem funcionar no que Mutschke e Haase[49] chamaram de *rede social*, definida como comunidade comportamental e social, noção utilizada para descrever relacionamentos e interações entre os atores sociais. Logo, a nova palavra-chave é *interação*: interação com um ambiente envolvente; entre vários sistemas heterogêneos distribuídos em uma rede; com usuários humanos; e entre humanos por meio de computadores e sistemas.

Considerações finais

No presente capítulo discutimos os conceitos de aprendizagem e inovação em contextos com fortes inter-relações entre as empresas, que, inseridas num cenário de mudanças cada vez mais rápidas e significativas, são impelidas a se reestruturarem permanentemente, em busca de acesso contínuo à informação a ser processada em aprendizado e inovação. Para tanto, emerge a necessidade de se estabelecerem alianças cooperativas para que, compartilhando-se competências, aumente o fluxo de conhecimento e, por consequência, a capacidade da organização para gerar inovações. Gerenciar de forma adequada esses processos de inovação constitui-se em desafio para as organizações, uma vez que elas dependem de decisões tomadas em contextos complexos e de necessidades variadas, conforme o contexto contingente maior em que se inserem[55].

O processo de gestão organizacional acontece em meio a uma rede de relacionamentos interempresariais, provocando impactos na gestão em função de fatores culturais, sociais e tecnológicos. De fato, os novos arranjos colaborativos que estão surgindo trazem implicações para o próprio conceito de organização. Se mantido em sua essência como um fenômeno que acontece quando o trabalho de diversas pessoas precisa ser coordenado para atingir determinados objetivos, esse conceito muda radicalmente em sua forma, uma vez que há profundas modificações no tocante a fronteiras organizacionais, propriedade de recursos e processo decisório.

Nesse sentido, as organizações virtuais representam a estruturação do trabalho em algum tipo de rede. Mas, diferentemente do que ocorre nas organizações tradicionais, as novas organizações operam necessariamente com base no compartilhamento de recursos e objetivos, o que requer lidar com diferentes impressões sobre autonomia, poder e controle, frutos de diferentes culturas organizacionais. Aplicar a ideia de organização virtual ao processo de aprendizado e de inovação organizacional significa que os gestores precisam interagir com um ambiente informacional cooperativo, no qual a informação requerida estaria disponível independentemente da real estrutura hierárquica e de eventuais diferenças tecnológicas entre os sistemas que fornecem a informação.

Busca-se, em suma, a formação de alianças. Entre as formas mais importantes de alianças, principalmente na circunstância extremada da concorrência experimentada no momento contemporâneo, encontram-se as alianças para o aprendizado. Quando pretendem uma aliança desse tipo, as empresas devem estar cientes das suas competências essenciais e do tipo de conhecimento que elas estão necessitando ou buscando. Essas alianças são estabelecidas, na maioria das vezes, porque as empresas parceiras não têm condições de, por si próprias, desenvolverem o conhecimento internamente. Nesses casos, é preciso promover relacionamentos estáveis e de mútua confiança, maximizando benefícios e minimizando riscos, ao mesmo tempo que se reduz o tradicional controle direto sobre os recursos requeridos pelos processos de negócio.

Várias iniciativas no escopo de um modelo de gestão colaborativa precisam estar presentes e implementadas, ainda que em níveis diferentes de maturidade. De qualquer forma, partindo da premissa de que é preciso um processo de mudança cultural, é necessário também perseverar, caso se queira chegar a um bom termo. Assim, se a intenção é aumentar a efetividade, a eficácia e a eficiência, não há como deixar de perceber a importância dos relacionamentos em rede, principalmente na geração das inovações e do aprendizado tão necessários para a sobrevivência empresarial.

Questões para reflexão

1. Por que o processo de inovação passou a constituir-se em aspecto vital para a sobrevivência das empresas no momento contemporâneo?
2. Quais as relações que poderiam ser estabelecidas entre os processos de inovação e de aprendizagem nas organizações?
3. Em que medida a aprendizagem organizacional pode representar um elemento diferenciador das organizações em contextos de competição acirrada?
4. Por que a gestão dos processos de interação interorganizacional e a gestão das relações entre organizações passaram a ser um aspecto de gestão tão importante, ou até mesmo mais importante que a gestão dos processos intraorganizacionais?
5. Por que o conceito de organização virtual apresenta-se como elemento-chave para o aprimoramento dos processos de aprendizagem e inovação intraorganizacionais?

Sugestões para pesquisas

1. Compartilhamento de conhecimentos e competências entre empresas concorrentes: paradoxos da era da informação.

2. Planejamento estratégico para "organizações virtuais": ferramentas, instrumentos e processos para o planejamento compartilhado.

Referências

1. AUSTIN, J. E. **Meeting the collaboration challenge workbook**. New York: Peter F. Drucker Foundation for Nonprofit Management; Dorchester: James E. Austin, 2002.

2. BRADNER, E. Computer mediated communication among teams: what are "teams" and how are they "virtual"? In: LUEG, C.; FISHER, D. (Ed.). **From usenet to CoWebs**: interacting with social information spaces. London: Springer-Verlag, 2003. p. 135-152.

3. CASTELLS, M. Hacia el Estado red? Globalización económica e instituciones políticas en la era de la información. In: SEMINÁRIO INTERNACIONAL SOCIEDADE E A REFORMA DO ESTADO, 1998, São Paulo. **Anais...** Brasília: Ministério de Administração e Reforma do Estado, 1998.

4. FILOS, E.; BANAHAN, E. Will the organisation disappear? The challenges of the new economy and future perspectives. In: WORKING CONFERENCE ON INFRASTRUCTURES FOR VIRTUAL ORGANISATIONS, 2., 2000, Florianópolis. **Proceedings...** Massachusetts: Kluwer Academic, 2001.

5. MOLINA, A. Exploitation of business opportunities: the role of the virtual enterprise broker. In: WORKING CONFERENCE ON INFRASTRUCTURES FOR VIRTUAL ORGANISATIONS, 2., 2000, Florianópolis. **Proceedings...** Massachusetts: Kluwer Academic, 2001.

6. BURNETT, G. Information exchange in virtual communities: a typology. **Information Research**, v. 5, n. 4, 2000. Disponível em: <http://informationr.net/ir/5-4/paper82.html>. Acesso em: 10 ago. 2010.

7. GREGOR, S.; JOHNSTON, R. B. Developing an understanding of interorganizational systems: arguments for multi-level analysis and structuration theory. In: EUROPEAN CONFERENCE ON INFORMATION SYSTEMS (ECICS), 8., 2000, Vienna, Austria. **Proceedings...** Vienna, 2000.

8. RIEMPP, G. **Wide area workflow management**: creating partnerships for the 21st century. London: Springer-Verlag, 1998.

9. Merali, Y. The role of boundaries in knowledge processes. **European Journal of Information Systems**, v. 11, n. 1, p. 47-60, Mar. 2002.

10. Schultze, U.; Boland, R. Place, space and knowledge work: a study of outsourced computer systems administrators. **Accounting Management and Information Technologies**, v. 10, n. 3, p. 187-219, July 2000.

11. Glendinning, C. Breaking down barriers: integrating health and care services for older people in England. **Health Policy**, v. 65, n. 2, p. 139-151, Aug. 2003.

12. Arcieri, F. et al. Coherence maintenance in cooperative information systems: the access key warehouse approach. **International Journal of Cooperative Information Systems**, v. 11, n. 3-4, Sept./Dec. 2002.

13. Albertin, A. L. **Administração de informática**: funções e fatores críticos de sucesso. São Paulo: Atlas, 1999.

14. Ein-Dor, P.; Segev, E. **Administração de sistemas de informação**. Trad. de Marina Cunha Brenner. Rio de Janeiro: Campus, 1986.

15. Saviani, J. R. **O analista de negócios e da informação**: o perfil moderno de um profissional que utiliza informática para alavancar os negócios empresariais. São Paulo: Atlas, 1998.

16. Shimizu, T. **Processamento de dados**: conceitos básicos. São Paulo: Atlas, 1994.

17. Yourdon, E. **Análise estruturada moderna**. Trad. de Dalton Conde de Alencar. Rio de Janeiro: Campus, 1990.

18. Kuhn, T. S. **A estrutura das revoluções científicas**. Trad. de Beatriz Vianna Boeira e Nélson Boeira. São Paulo: Perspectiva, 1982.

19. Formica, P. Atores inovadores do desenvolvimento econômico: empresas acadêmicas e universidades empreendedoras em ação nos ecossistemas territoriais e empresariais de inovação. In: Guedes, M.; Formica, P. (Org.). **A economia dos parques**. Rio de Janeiro: Anprotec, 1997. p. 223-258.

20. Dosi, G.; Coriat, B. Problem-solving and coordination-governance: advances in a competence-based perspective on the theory of the firm. **Revista Brasileira de Inovação**, v. 1, n. 1, p. 49-84, jan./jun. 2002.

Disponível em: <http://www.finep.gov.br/revista_brasileira_inovacao/artigos/dosi_coriat.pdf>. Acesso em: 10 ago. 2010.

21. COHENDET, P.; LLERENA, P. Theory of the firm in an evolutionary perspective: a critical development. In: COMPETENCE, GOVERNANCE AND ENTREPRENEURSHIP, 1998, Copenhagen. **Paper to the conference**. Copenhagen, 1998. Disponível em: <http://www.druid.dk/uploads/tx_picturedb/ds1998-11.pdf>. Acesso em: 10 ago. 2010.

22. GARVIN, D. A. et al. Learning organization. **HSM Management**, n. 9, July/Aug. 1998.

23. MEISTER, J. C. **Educação corporativa**. São Paulo: Makron Books, 1999.

24. ARGYRIS, C.; SCHÖN, D. A. **Organization learning II**: theory, method and practice. Reading, MA: Adison-Wesley, 1996.

25. GARVIN, D. A. Building a learning organization. **Harvard Business Review**, v. 71, n. 4, p. 78-92, 1993.

26. DOUGLAS, M. **How institutions think**. Syracuse: Syracuse University Press, 1986.

27. FLEURY, A.; FLEURY, M. T. L. **Aprendizagem e inovação organizacional**: as experiências de Japão, Coreia e Brasil. São Paulo: Atlas, 1995.

28. SENGE, P. **A dança das mudanças**. Rio de Janeiro: Campus, 1999.

29. WARDMAN, K. T. **Criando organizações que aprendem**. São Paulo: Futura, 1996.

30. WICK, C. W.; LÉON, L. S. **O desafio do aprendizado**: como fazer sua empresa estar sempre à frente do mercado. São Paulo: Nobel, 1997.

31. HODGSON, G. M. Evolutionary and competence-based theories of the firm. **Journal of Economic Stud**, v. 25, n. 1, p. 25-56, 1998.

32. KOSTOPOULOS, K. C.; SPANOS, Y. E.; PRASTACOS, G. P. **The resource-based view of the firm and innovation**: identification of critical linkages. Athens: Athens University of Economics and Bussines, 2002.

33. Nogueira, A. C. L. **Conhecimento nas organizações**: evolução das abordagens econômicas. Disponível em: <http://www.fundacaofia.com.br/pensa/pdf/papers/Nogueira_Conhecimento_2001.PDF>. Acesso em: 10 ago. 2010.

34. Tidd, J.; Bessant, J.; Pavitt, K. **Managing innovation**: integrating tecnological, market and organizational change. 2. ed. Chichester: John Wiley and Sons, 2001.

35. Dougherty, D. Organizing for innovation. In: Clegg, S. R.; Hardy, C.; Nord, W. R. (Ed.). **Handbook of organization studies**. London: Sage, 1996.

36. Santos António, N. **A escola dos recursos (The resouce based theory)**. Disponível em: <http://ee.dcg.eg.iscte.pt/recursos.pdf>. Acesso em: 10 ago. 2010.

37. Prahalad, C. K.; Hamel, G. The core competence of the corporation. **Havard Businesss Review**, v. 68, n. 3, p. 79-91, May/June, 1990.

38. Goranson, H. T. Infrastructure for the advanced virtual enterprise: a report using a Brazilian-based example. In: Working Conference on Infrastructures for Virtual Organisations, 2., 2000, Florianópolis. **Proceedings...** Massachusetts: Kluwer Academic, 2001.

39. Devine, M.; Filos, E. Virtual teams and the organisational grapevine. In: Working Conference on Infrastructures for Virtual Organisations, 2., 2000, Florianópolis. **Proceedings...** Massachusetts: Kluwer Academic, 2001.

40. Frenkel, A. et al. Supporting information access rights and visibility levels in virtual enterprises. In: Working Conference on Infrastructures for Virtual Organisations, 2., 2000, Florianópolis. **Proceedings...** Massachusetts: Kluwer Academic, 2001.

41. Camarinha-Matos, L.; Afsarmanesh, H.; Rabelo, R. Supporting agility in virtual enterprises. In: Working Conference on Infrastructures for Virtual Organisations, 2., 2000, Florianópolis. **Proceedings...** Massachusetts: Kluwer Academic, 2001. p. 89-104.

42. RICCI, A.; OMICINI, A.; DENTI, E. Virtual enterprises and workflow management as agent coordination issues. **International Journal of Cooperative Information Systems**, v. 11, n. 3-4, p. 355-380, Sept./Dec. 2002.

43. MUNDIM, A. P. F.; BREMER, C. F. Design of a computer supported cooperative environment for small and medium enterprises. In: WORKING CONFERENCE ON INFRASTRUCTURES FOR VIRTUAL ORGANISATIONS, 2., 2000, Florianópolis. **Proceedings...** Massachusetts: Kluwer Academic, 2001.

44. CASTELFRANCHI, C. The social nature of information and the role of trust. **International Journal of Cooperative Information Systems**, v. 11, n. 3, p. 381-403, Sept./Dec. 2002.

45. INKPEN, A. C.; ROSS, J. Why do some strategic alliances persist beyond their useful life? **California Management Review**, v. 44, n. 1, p. 132-148, Autum/Fall 2001.

46. SILVEIRA, H. Gestão da informação em organizações virtuais: uma nova questão para a coordenação interorganizacional no setor público. **Ciência da Informação**, v. 34, n. 2, maio/ago. 2005.

47. SPINOSA, L. M.; QUANDT, C. An IT-based framework for knowledge management in networked organizations. In: WORKING CONFERENCE ON INFRASTRUCTURES FOR VIRTUAL ORGANISATIONS, 2., 2000, Florianópolis. **Proceedings...** Massachusetts: Kluwer Academic, 2001.

48. SILVA, N.; ROCHA, J. VE infrastructures requirements for cooperation and knowledge sharing. In: WORKING CONFERENCE ON INFRASTRUCTURES FOR VIRTUAL ORGANISATIONS, 2., 2000, Florianópolis. **Proceedings...** Massachusetts: Kluwer Academic, 2001.

49. MUTSCHKE, P.; HAASE, A. Q. Collaboration and cognitive structures in social science research fields: towards socio-cognitive analysis in information systems. **Scientometrics**, v. 52, n. 3, p. 487-502, 2001.

50. WILSON, T. et al. **Uncertainty in information seeking**. Sheffield: Sheffield University, 1999. (Library and Information Commission Research Report 59).

51. WILSON, T. **Information science and Information Science**. Departament of Library and Information Science, Comenius University, Updated 26th Mar. 2002.

52. DOBSON, P. J. Critical realism and information systems research: why bother with philosophy? **Information Research**, v. 7, n. 2, 2002. Disponível em: <ttp://InformationR.net/ir/7-2/paper124.html>. Acesso em: 10 ago. 2010.

53. ALLEN, D.; WILSON, T. Vertical trust/mistrust during information strategy formation. **International Journal of Information Management**, v. 23, n. 3, p. 223-237, June 2003.

54. KOLEKOFSKI, K. E.; HEMINGER, A. R. Beliefs and attitudes affecting intentions to share information in an organizational setting. **Information & Management**, v. 40, n. 6, p. 521-532, July 2003.

55. SCHENATTO, F. J. A. **Modelo dinâmico de gestão da inovação tecnológica**: uma abordagem contextualizada ao ciclo de vida da organização. 101 f. Dissertação (Mestrado em Engenharia de Produção) – Universidade Federal de Santa Catarina, Florianópolis, 2003.

Sérgio Paulo Muniz Costa

Capítulo 7
Cultura organizacional nas empresas e nas instituições

Sérgio Paulo Muniz Costa

Doutor em Ciências Militares pela Escola de Comando e Estado-Maior do Exército, Rio de Janeiro (1992). Foi Chefe da Seção de Ensino de História Militar e Geografia e coordenador da Modernização do Ensino da Academia Militar das Agulhas Negras – Aman, Rio de Janeiro. Chefiou a Divisão de Acompanhamento do Estado-Maior Internacional e a Seção de Desminagem Humanitária da Junta Interamericana de Defesa, Washington, DC, e participou dos trabalhos de modernização daquele organismo internacional. Assessorou os chefes dos Órgãos de Direção Geral (Estado-Maior do Exército) e de Direção Setorial (Departamento Logístico e Departamento de Engenharia e Construção) do Exército Brasileiro para a Força de Paz do Brasil, no Haiti. Atualmente, é empresário e consultor de organização e métodos nas áreas de pesquisa, história e educação.
É autor do livro "Os pilares da discórdia", publicado em 1995 pela Biblioteca do Exército.

Resumo

A cultura organizacional é atualmente apontada como uma das principais razões do sucesso de empresas e instituições. Mais do que uma explicação, no entanto, ela deve passar a ser vista como uma forma de se obter eficácia, eficiência e efetividade nas ações de uma organização. Além de deixar para trás a concepção de cultura organizacional baseada em correlações de causa e efeito, as lideranças funcionais devem enfrentar o desafio que se coloca para suas empresas e instituições em desenvolver a capacidade de aprendizado individual e coletivo como processo concomitante às atividades correntes de suas organizações – o aprendizado corporativo. Este capítulo apresenta a cultura organizacional sob a perspectiva do conhecimento e aborda sua importância, o histórico de seu estudo, a identificação de suas origens nas instituições e empresas, suas determinantes e seu caráter intrinsecamente educador, finalizando com os limites e as oportunidades de sua flexibilização. A despeito da estruturação eminentemente analítica do capítulo, alguns de seus tópicos contêm enlaces com as áreas de recursos humanos, administração e educação, frutos da experiência do autor e da correspondente apreciação crítica retrospectiva. Levando-se em consideração os aspectos econômicos, sociais e tecnológicos que caracterizam nossa atualidade, de ilimitada difusão da informação e de crescente valorização do conhecimento, a cultura organizacional assume um caráter pleno de intencionalidade, inserindo-se na política e na estratégia da empresa ou instituição e superando a barreira entre atividades-fim e atividades-meio.

Importância da compreensão da cultura organizacional

O papel das empresas e das instituições na geração de riqueza e conhecimento faz do que hoje denominamos *cultura organizacional* um tema de interesse para a sociedade brasileira, na qual as iniciativas de diagnóstico empírico levadas a efeito por especialistas em negócios parecem ter predominado em relação à pesquisa científica.

Durante o século XX, os estudos desenvolvidos nos campos de pesquisa da administração, da psicologia e da sociologia, concomitantemente ao grande desenvolvimento empresarial nas décadas posteriores à Segunda Guerra Mundial em particular, serviram para explicar o desempenho corporativo moderno. Nos anos de 1970 e 1980, a ascensão da economia de uma cultura nitidamente distinta da ocidental, a japonesa, e a difusão no Ocidente de formas de raciocínio diferentes aplicadas aos aspectos práticos da vida moderna ampliaram a pesquisa aplicada às empresas, daí surgindo uma nova área de interesse que se convencionou denominar *cultura organizacional*.

O incremento dos estudos sobre a cultura organizacional nos dias de hoje pode ser explicado pelo aumento da competição entre países, regiões e empresas pela obtenção de vantagens na produção de bens e serviços. No Brasil ainda não existe uma área de conhecimento denominada como tal. Há algumas disciplinas nas ciências exatas (matemática, probabilidade e estatística e ciência da computação), nas engenharias, nas ciências sociais aplicadas (direito, administração, economia, ciência da informação e comunicação), bem como nas ciências humanas (filosofia, sociologia, antropologia, história, geografia, psicologia, educação, ciência política, linguística, letras e artes), que proporcionam fundamentação teórica à pesquisa sobre a cultura organizacional[1]. Mas a cultura organizacional, devido à relevância do tema de que se ocupa – as formas pelas quais empresas e instituições desenvolvem suas atividades –, pode vir a transformar-se em um campo de pesquisa científico afim às ciências sociais aplicadas, desde que atenda a determinados requisitos:

> *As condições necessárias para que um campo de pesquisa seja considerado científico são rígidas. Vamos estipular que um campo de pesquisa Cp = (Gp + Fp + Ep + Kp + Dp + Pp + Op + Mp) constitui uma* CIÊNCIA FACTUAL *se, e somente se, satisfizer as seguintes condições:*
>
> 1. *a composição da cada um dos oito componentes de Cp* MUDA, *ainda que levemente, com o passar do tempo, à medida que se desenvolve a pesquisa no mesmo campo ou em campos correlatos;*
> 2. *a base filosófica Gp consiste de uma* ONTOLOGIA DE COISAS MUTANTES *(em vez de objetos fantasmáticos ou permanentes),*

uma GNOSIOLOGIA REALISTA *(porém, crítica) – em vez de uma teoria idealista do conhecimento – e o* ETHOS DA LIVRE BUSCA DA VERDADE;

3. *a base formal Fp é um conjunto de* TEORIAS LÓGICAS E MATEMÁTICAS ATUALIZADAS *(em vez de ser vazia ou de estar cheia de teorias formais obsoletas);*
4. *a base científica Ep é um conjunto de teorias, hipóteses e dados* ATUALIZADOS E RAZOAVELMENTE BEM CONFIRMADOS *(porém não definitivos), obtidos em outros campos de pesquisa e relevantes para o campo Cp;*
5. *o fundo de conhecimento Kp é um conjunto de teorias, hipóteses e* DADOS ATUALIZADOS, RAZOAVELMENTE BEM CONFIRMADOS *(porém não definitivos) e* COMPATÍVEIS COM OS DE EP, *obtidos em Cp em etapas anteriores;*
6. *o domínio Dp está composto exclusivamente de coisas reais ou supostamente reais (em vez de, por exemplo, ideias independentes do cérebro);*
7. *a problemática Pp consiste exclusivamente de* PROBLEMAS COGNOSCITIVOS *concernentes à natureza dos membros de Dp (em vez de, digamos, estudar a melhor maneira de evitá-los ou explorá-los), assim como de problemas concernentes a outros componentes de Cp (ou seja, problemas referentes à filosofia de Gp; ou à aplicabilidade de algumas ferramentas formais em Fp; ou à confiabilidade de algumas suposições de Ep; ou à verdade de alguns componentes do fundo de conhecimento Kp; ou à formulação de alguns problemas de Pp; ou concernentes ao valor ou acessibilidade de algumas metas em Op, ou à adequação ou exatidão de alguns métodos em Mp);*
8. *os objetivos Op incluem o* DESCOBRIMENTO DAS LEIS DOS COMPONENTES *de Dp, a* SISTEMATIZAÇÃO *(em modelos ou teorias) de hipóteses sobre os Dp, e o* REFINAMENTO *dos métodos em Mp;*

9. *os métodos em Mp consistem exclusivamente de processos* ESCRUTÁVEIS *(analisáveis e criticáveis), empiricamente contrastantes (com seus resultados e com outros métodos), e teoricamente justificáveis (explicáveis), em lugar, digamos, dos métodos de citar fontes de sabedoria ou de praticar a meditação transcendental;*
10. *há pelo menos outro campo diferente Cj = (Gj + Fj + Ej + Kj + Dj + Pj + Oj + Mj) tal que:*
    a. *as bases filosófica, formal e específica, assim como os fundos de conhecimento, os objetivos e os métodos de ambos os campos se sobrepõem, pelo menos, em parte;*
    b. *ou os domínios de ambos os campos são idênticos ou cada membro de um deles é componente de alguma coisa pertencente ao outro.*[2: p.36-37] [grifo do original]

A possibilidade de transformação da cultura organizacional num campo de pesquisa científico segundo os parâmetros anteriormente apresentados não tem por finalidade advogar transformação da cultura organizacional numa ciência pura, mas sim valorizá-la como conhecimento, dotando-a de base científica mais ampla, uma vez que seja levada em conta a possibilidade de relações com tantas áreas de conhecimento.

O presente capítulo, além de apresentar uma PERSPECTIVA TEÓRICA[3] do surgimento, das condicionantes e das modificações da cultura organizacional numa determinada empresa ou instituição, esboça, à luz das considerações contidas no parágrafo anterior, ideias que favorecem a criação de linhas de pesquisa para o campo de interesse.

Para isso, cabem inicialmente algumas perguntas: A cultura organizacional é um tema de interesse apenas das empresas privadas ou também das instituições públicas? Até onde existe uma cultura organizacional em uma empresa ou instituição? Ela envolve alguns integrantes ou todos? Que processos no conjunto de suas atividades se dão em conformidade com ela? Essas perguntas nos remetem a uma reflexão sobre as organizações das quais fazemos parte, públicas ou privadas, levando-nos a entender por que as coisas acontecem ou deixam de acontecer na organização. Da mesma forma, a presença obrigatória do Estado na gestão do interesse público, seja na prestação de serviços essenciais, seja na condução da sua máquina administrativa, pelas quais deve satisfações à sociedade, não deixa mais qualquer dúvida a respeito da pertinência do tema para a Administração Pública.

Existem empresas e instituições nas quais somente alguns grupos ou níveis funcionais professam uma cultura organizacional que pretendem que seja a de todos, o que muitas vezes gera conflitos. Outras são lideradas por pessoas que acreditam que o compromisso com o desenvolvimento das ações de acordo com uma determinada visão comum só é necessário em alguns setores da organização, delegando aos instrumentos do mercado de formação de mão de obra e de seleção de recursos humanos a missão de prover quadros que atendam às suas necessidades funcionais. Também algumas instituições, seguras do valor social de sua missão, acostumam-se à indulgência com que são tratadas pelos seus clientes e parceiros na sociedade, tornando-se progressivamente menos relevantes, até que a função social que exercem passe a ser desempenhada por outros agentes. Muitas se acomodam ao papel de consumidoras de mão de obra, isolando-se dentro de si mesmas e de suas pirâmides hierárquicas, perdendo conhecimento, oportunidades e posições.

Essa tendência à irrelevância e à deterioração das organizações se deve a fatores sociais e tecnológicos cada vez mais presentes nas sociedades modernas. A impossibilidade e a inconveniência de compartimentar a informação no ambiente de trabalho e um *ethos* igualitário que se dissemina continuamente são algumas dessas condicionantes que, independentemente de uma sempre existente e necessária hierarquia, impõem uma proximidade cada vez maior entre dirigentes e dirigidos, levando-os a compartilhar as responsabilidades pelos sucessos e fracassos da empresa ou instituição e, por que não dizer, a desenvolver uma verdadeira cumplicidade profissional na acepção positiva do termo.

Não são novos os movimentos de realinhamento na história das organizações. A cultura organizacional existe desde que o homem constituiu os primeiros grupos para produzir conhecimento, bens ou serviços. Quando a Renascença atingiu o seu ápice, materializando o interesse pelo humano através das artes, consolidou-se um tipo de organização tão característica do seu tempo e geografia quanto foram na Europa as guildas de trabalhadores e o monaquismo da Igreja que fora capaz de preservar o conhecimento da Grécia Clássica. Essas organizações foram as ACADEMIAS, "um sistema formativo completamente novo [...] desvinculado de uma relação absorvente e devoradora entre mestre e aluno"[4: p.225]. Esse estágio pode ser compreendido, como os outros ao longo da evolução humana, segundo uma perspectiva evolutiva da cultura como comportamento social voltado para a capacidade de fazer, conforme Fedele, citado por De Masi[4: p.50]:

> *Cultura é transmissão e uso de informação, mas de informação coletiva; é o conjunto dos esquemas de comportamento comunicados por instrução e não por hereditariedade genética, compartilhado por um grupo e não confinado a um único indivíduo. Por trás disso encontra-se todo o patrimônio do comportamento habitual, que é socialmente transmissível de geração a geração e que dá ao grupo condições de sobreviver num determinado habitat.*

Entretanto, a cultura no âmbito dos grupos humanos também concede poder às pessoas. Este é um aspecto central na discussão a respeito da cultura organizacional em qualquer empresa ou instituição. Desde que se passou a reivindicar o estabelecimento de um sistema de avaliação de desempenho para decidir quem exerceria o poder nas organizações, constatou-se que os resultados ficaram aquém do desejado, uma vez que é difícil e, para alguns, impossível racionalizar e sistematizar todos os fatores que condicionam a importância do funcionário para a empresa ou instituição. Pode vir a ser mais efetivo investigar as relações dos integrantes de uma organização com o exercício do poder que nela ocorre, particularmente nos mais elevados níveis, em que os critérios de ascensão se conformam politicamente, ou seja, são determinados pelo poder externo ou interno a ela.

Uma vez que hierarquia é poder, a hierarquização (entenda-se concessão de poder às pessoas para decidir e fazer) dos membros de uma organização é uma resultante da sua cultura organizacional, já que um sistema de recompensas corporativo (no qual poder não é apenas, mas é também recompensa) está vinculado à própria relevância ou sobrevivência da instituição ou empresa. A ocupação de pontos-chave se dá em função do poder da organização no ambiente externo e dos desdobramentos internos que ocorrem em função de seu exercício.

Os aspectos que explicam o surgimento de uma cultura organizacional numa empresa ou instituição, bem como aqueles que a condicionam, giram em torno do atendimento das necessidades internas e externas de poder da organização, sem que se possa firmar qual delas é mais importante.

As necessidades externas do poder de uma empresa ou instituição induzem à maior visibilidade de pessoas que simbolizam e operam melhor as atividades da organização perante clientes e parceiros, impondo, algumas vezes, a escolha de seus altos dirigentes de fora para dentro.

Já os operadores internos, em todos os níveis da organização, atuam segundo a hierarquia e as esferas de poder estabelecidas pelas normas da empresa ou instituição e ascendem às posições-chave segundo suas capacitações e habilitações, mas também em decorrência de sua habilidade em lidar com o poder exercido no ambiente profissional.

Porém, a cultura organizacional de uma empresa ou instituição pode atender ou não às demandas de seus clientes. Quando atende, fortalece-se, via de regra, a estrutura de poder interno, ratificando-se as cadeias hierárquicas e os processos decisórios e operativos. Quando não, instala-se a crise que, para ser superada, em seus casos extremos, exige crítica ampla e profunda a respeito daqueles processos e abala as cadeias hierárquicas e seus círculos de poder.

As crises fazem parte da vida das empresas e das instituições. A questão está em não deixar que elas se agravem e levem a organização ao colapso. A situação ideal de uma empresa ou instituição é aquela na qual ela está operando de maneira consciente, não somente em relação ao ambiente externo, mas também quanto à sua cultura organizacional, que pode ser entendida como sua capacidade de amalgamar respostas às demandas externas e internas de poder.

Do ponto de vista teórico, essa vinculação entre cultura organizacional e poder não é nova. Embora Galbraith[5] tenha estudado o poder em si, suas fontes e instrumentos, formulando a "regra da tríade", suas conclusões sobre a importância da organização para o poder fornecem indicações relevantes para o exercício deste e, em sentido inverso, permitem inferir qual o tipo de poder a ser predominantemente aplicado nas organizações das sociedades modernas.

> *O poder cumpre, há séculos, uma regra da tríade. Há três instrumentos para manejá-lo ou exercê-lo. E há três instituições ou atributos que outorgam o direito de usá-lo. [...]*
>
> *O* PODER CONDIGNO *obtém submissão pela capacidade de impor às preferências do indivíduo ou do grupo uma alternativa suficientemente desagradável ou dolorosa para levá-lo a abandonar essas suas preferências. Há uma ênfase de punição no termo "condigno" que transmite a impressão adequada.*
>
> *[...] O* PODER COMPENSATÓRIO, *em contraste, conquista submissão oferecendo uma recompensa positiva – proporcionando algo de valor ao indivíduo que assim se submete. [...]*

[...] O PODER CONDICIONADO*, por sua vez, é exercido mediante a mudança de uma convicção, de uma crença. A organização, a fonte de poder mais importante nas sociedades modernas, está primordialmente ligada ao poder condicionado. Admite-se que a organização seja indispensável quando se busca o poder ou se necessita dele.*[5: p.4-7] [grifos nossos]

Em consequência, o entendimento de cultura organizacional aqui proposto abrange o conjunto de condições não materiais necessárias para uma empresa ou instituição fazer aquilo para que foi concebida. Isso acontece por intermédio das ações de seus integrantes, que aprendem individual e coletivamente a melhor maneira de executá-las e, assim, produzem o conhecimento que concede vantagem competitiva à organização, na medida em que ela acumula poder para lidar com outras demandas de poder.

Ambicioso? Tome-se então em conta que adaptação, adesão, aprendizado, aquisição, atividade, capacidade, capital, colaboração, compartilhamento, competência, competitividade, confiança, conflito, conhecimento, criação, crenças, decisão, desenvolvimento, direção, educação, ensino, estratégia, gerenciamento, gestão, história, identidade, informação, inovação, integração, interação, liderança, linguagem, missão, mudança, planejamento, poder, política, processo, produção, produtividade, qualidade, relacionamento, resistência, sobrevivência, tecnologia, técnica, treinamento, valores, visão e vocação são apenas 50 dos muitos objetos da cultura organizacional.

Reconhecida como fator de inovação[6] e de mudança[7] nas empresas, ou como aspecto essencial nas mudanças[8], a cultura organizacional enfeixa uma gama ampla e difusa de aspectos da vida das empresas e das instituições – sociais, psicológicos, políticos, tecnológicos e econômicos –, de origem externa e interna.

Depois de deixar de ser uma "moda", a cultura organizacional pode se tornar um campo de pesquisa científico aplicado à atividade produtiva nas sociedades modernas, diretamente vinculada ao desenvolvimento destas e com múltiplas interfaces em relação a outras ciências e disciplinas.

Histórico e perspectivas

A cultura organizacional tem antecedentes próximos aos estudos de psicologia realizados na década de 1950 a respeito das grandes corporações norte-americanas e que, progressivamente, estenderam-se a outros campos do conhecimento.

O termo *cultura* passou a ser aplicado às organizações, quando se percebeu que havia uma grande diferença entre os ambientes, os códigos, os valores, os símbolos e os conceitos dos sistemas empresariais ocidentais, norte-americanos em particular, e os dos japoneses, que, até o início dos anos 1990, representaram um desafio à supremacia dos Estados Unidos. Embora condicionantes geopolíticas e econômicas tenham atenuado o impacto da escola empresarial e administrativa japonesa, ela instigou comparações e assimilações, particularmente no lado ocidental.

No Brasil, o interesse pela cultura organizacional iniciou-se na segunda metade dos anos de 1990, em função dos efeitos da globalização e ainda em consequência da adoção das políticas de qualidade, bastante influenciadas pelos japoneses e depois aculturadas pelos norte-americanos. A "qualidade" foi implantada nas empresas e instituições brasileiras de fora para dentro e de cima para baixo, como práticas de eficácia, eficiência e efetividade, abrangendo as ATIVIDADES-FIM e as ATIVIDADES-MEIO das organizações. Foi nesse momento que a cultura organizacional das empresas e instituições brasileiras aflorou, expondo suas virtudes e deficiências, assimilando, rejeitando ou adaptando procedimentos e discursos e, acima de tudo, emulando visões comparativas entre modelos de gestão, tema afim à ciência do gerenciamento (estudada nos Estados Unidos e na Europa). Embora a maioria dessas análises não tenham assumido um propósito científico, publicadas em jornais e revistas de negócios, elas se constituem, ainda hoje, em importantes fontes para pesquisas sobre a história da cultura organizacional no Brasil.

Uma tomada de contas sobre a cultura organizacional no Brasil passa necessariamente pelo reconhecimento de diferenças quanto à quantidade, à diversidade e à profundidade entre os estudos desenvolvidos aqui e nos Estados Unidos e na Europa. Do ponto de vista de sistematização, particularmente do conhecimento científico, há muito a ser feito, em especial no tocante à abertura e ao reconhecimento de novas áreas de conhecimento, as ciências da informação e do gerenciamento, em particular.

Vale ainda observar que, embora as políticas de qualidade tenham contribuído para o incremento da produtividade das empresas e instituições brasileiras, elas serviram apenas como veículos de implantação de práticas correntes que foram aceitas, rejeitadas ou defletidas pela cultura organizacional vigente. A "qualidade" não pode ser considerada uma cultura nem pretendeu sê-lo, pois não estava equipada com discurso e método abrangentes e profundos o suficiente para promover alterações de comportamento substanciais. A "qualidade" no Brasil foi uma importação que se aculturou ao ambiente empresarial e institucional brasileiro e cujos reflexos precisam ser mais bem conhecidos.

A cultura organizacional existe – boa ou má, única ou fragmentada, forte ou fraca, suficiente ou não – na mesma medida em que a própria organização existe, podendo (ou devendo) ser reforçada, modificada ou reorientada em função dos resultados que ela alcançar. No entanto, a "qualidade", embora não possa ser considerada uma nova cultura nas organizações que a adotaram, é o principal "fundo de conhecimento"[2: p.36] disponível para a sistematização do campo de pesquisa da cultura organizacional no Brasil.

Na construção desse campo de pesquisa, considerando-se a carência de estudos acadêmicos realizados no país, também devem ser levados em conta, paralelamente às áreas formais de conhecimento, "as teorias, hipóteses e dados atualizados e razoavelmente bem confirmados"[2: p.36], desenvolvidos nas sociedades com maior percepção do valor do conhecimento como insumo vital de produção.

Com vistas à constituição de uma base teórica respaldada empiricamente, o esforço de desenvolvimento desse campo de pesquisa pode se concentrar, inicialmente, em quatro áreas:

i. identificação da cultura organizacional nos processos e atividades da empresa ou instituição;
ii. nexos conceituais e metodológicos na análise da cultura organizacional com outras ciências e disciplinas;
iii. conhecimentos anteriores desenvolvidos pelos estudos de qualidade e estratégia empresarial;
iv. metodologias de identificação e validação da cultura organizacional.

Assumido e desenvolvido adequadamente pelas comunidades acadêmica, empresarial e do serviço público, o campo de pesquisa da cultura organizacional pode vir a constituir-se em conhecimento para gerar mais conhecimento, com reflexos altamente favoráveis para a sociedade brasileira.

Como surge e se consolida

A maneira como a cultura organizacional se instala numa empresa ou instituição pode ser verificada na prática, pela observação dos seus processos internos. Já a forma como ela se consolida diz respeito ao comportamento da empresa ou instituição como um todo em relação ao ambiente externo e aos seus correspondentes desdobramentos internos. Em suma, uma organização se torna (ou é) o que são (em qualquer tempo) as pessoas que a integram – com suas capacidades, crenças, valores e aptidões – e se consolida como tal em função do sucesso obtido, do poder alcançado (pelo lucro, pelo prestígio, pela influência ou pelo reconhecimento público) no ambiente externo.

Os comportamentos comentados a seguir, numa ordem taxonômica de rejeição/aceitação, dizem respeito tanto ao ambiente interno (referente às atitudes das pessoas da organização) quanto ao ambiente externo (no tocante à postura da empresa ou instituição). Podem ser considerados também expressões de uma cultura organizacional em vigor. Esses comportamentos não se alinham automaticamente, pois uma organização que se singulariza no ambiente externo por promover ou negar mudanças, caracterizando-se como "resistente", pode contar com alto nível de adesão de seus integrantes, agregados em torno de uma visão, missão ou propósito de elevado conteúdo motivacional.

Resistência

É um elemento permanente em toda cultura organizacional, podendo ser intenso o suficiente a ponto de se tornar a cultura dominante. A resistência à mudança é comum na maioria das pessoas em muitas situações. Trata-se aqui de caracterizar a resistência como um conjunto de atitudes, procedimentos e discursos, individuais e coletivos, contrários à modificação.

Resistência não cede facilmente nem mesmo ao poder. Quando confrontada, assume outras formas e intensidades, porém permanece na sua essência, buscando diluir, com o passar do tempo e as mudanças políticas, o ímpeto renovador.

Sua motivação maior é o temor de perda de poder. Individualmente, seus principais argumentos são a eficácia dos resultados e a competência do agente, que confrontam a proposta de mudança. Por vezes, assume um caráter fundamentalista, vinculando a mudança à ameaça de colapso da organização ou à perda de sentido finalístico.

A atitude básica que nutre a resistência é a desconfiança em relação às novas ideias e às pessoas portadoras delas, quanto aos seus propósitos e às suas verdadeiras motivações. Não é difícil perceber a linguagem corporal que caracteriza essa atitude, em encontros pessoais e reuniões. Porém, para a cultura organizacional, mais importantes do que as manifestações de resistência – transmitidas por sinais e pelo discurso – são os procedimentos observáveis nos processos e atividades da empresa ou instituição.

Como expressão da cultura organizacional da empresa ou instituição, a resistência não deve, a *priori*, ser considerada negativa ou combatida. Deve ser observada externamente e submetida à crítica, uma vez que ela pode fornecer subsídios importantes para a validação das mudanças, seu aperfeiçoamento e sua implementação.

Outro aspecto relevante da resistência como expressão da cultura organizacional é seu lado inconsciente de conservadorismo e insegurança quanto ao fazer algo de maneira diferente da até então adotada. Treinamento, ensino e educação concorrem nessa ordem de intensidade para o seu adequado tratamento no ambiente interno da organização. No ambiente externo a resistência pode ser fatal, se mal fundamentada quanto às determinantes que serão apreciadas mais à frente.

Acomodação

Tende a ser transitória e, na maioria dos casos, por si só, não contribui para um melhor desempenho da organização. Pode proporcionar uma imagem enganosa da verdadeira cultura organizacional de uma empresa ou instituição. Incapaz de suscitar comportamentos verdadeiramente criativos ou solidários, a acomodação, porém, é útil para esvaziar conflitos decorrentes de modificações organizacionais.

As pessoas podem se acomodar a inúmeros aspectos de suas vidas profissionais: rotinas, salários, reconhecimento, *status*, amizade etc. Acomodam-se também à mudança, às modificações impostas de cima para baixo, exibindo uma aparência de conformidade nas atitudes pessoais e nos processos da organização.

O principal indício da acomodação é a execução acrítica, que significa a realização das atividades meramente de acordo com as normas preconizadas, sem qualquer iniciativa de correção, sugestão ou aperfeiçoamento, mesmo que maus resultados sejam evidentes. Uma das propostas de maior visibilidade da "qualidade" que contribuiu para detectar a acomodação foi a prática da tabulação das sugestões, que se mostrou um indicativo válido quanto ao grau de participação e de interesse dos integrantes da organização nos seus processos e atividades.

A acomodação se percebe também no discurso, ou melhor, na ausência de um discurso próprio da organização que, a partir da inserção de novos conceitos e ideias, verbalize o raciocínio modificado e apropriado aos processos e às atividades da empresa ou instituição, numa forma de "tradução" do dialeto da mudança.

A acomodação deve ser observada porquanto pode vir a ser útil na detecção da cultura organizacional oculta e servir, como foi dito, para conciliar temporariamente conflitos de interesse. Internamente, não se deve esperar que ela solucione questões importantes para a empresa nem permitir que perdure. Paradoxalmente, no ambiente externo, ela pode se mostrar bastante eficaz para a sobrevivência de uma organização que haja identificado num nicho funcional de pouca competição ou escrutínio e aí se alojado. A questão, nesse caso, é a total dependência da organização em relação às determinantes da cultura organizacional que serão apreciadas à frente. É o caso de empresas ou instituições que desaparecem rapidamente à menor modificação do ambiente externo.

Imitação

Um setor da empresa ou um funcionário bem-sucedido, recompensado ou reconhecido pode ser imitado por outros setores ou funcionários nos seus comportamentos. Isso pode caracterizar uma mudança de atitude desejável, particularmente se for aculturada, ou seja, se a imitação não for uma pura e simples cópia, mas sim uma adaptação do comportamento julgado eficaz às peculiaridades do grupo ou da pessoa.

As principais vantagens da imitação são a aproximação, seja intergrupal, seja pessoal, e o reforço do comportamento julgado mais adequado à empresa, em todos os níveis. Para a chefia, a sinalização de que só é imitado o que é bem-sucedido e o que é reconhecido como tal valida a eficácia corporativa. Para os dirigidos, serve de guia à aceitação no grupo, ao reconhecimento e à recompensa.

A imitação pode ainda ser considerada um atalho pedagógico, quando se dispõe de pouco tempo e recursos para a disseminação de informação e procedimentos. A oferta de modelos pode abreviar e facilitar a implantação de processos e abrir caminho à assimilação de crenças e valores.

Convencionou-se admitir que um comportamento pode ser imitado, já a atitude não, porque ela é pessoal. Nisso residiria a limitação dessa expressão da cultura organizacional. Do ponto de vista interno à organização, a imitação é uma importante expressão ou via de cultura organizacional, ainda que insuficiente como geradora de conhecimento. Do ponto de vista externo à organização, a imitação é arriscada, devendo ser avaliada em relação à estratégia empresarial adotada.

Cooperação

Cooperar pressupõe confiança, em primeiro lugar em si próprio, ultrapassado o temor de perda de poder diante de um ambiente de incerteza ou mudança. Pessoas ou organizações podem cooperar com seus pares, enquanto anteveem ganhos e não se sentem ameaçadas. Assim, em segundo lugar, cooperar pressupõe algum nível de confiança no outro.

Pessoas podem cooperar entre si no seu ambiente de trabalho e empresas podem cooperar no âmbito de associações ou parcerias, aumentando seu prestígio e capital social. No entanto, indivíduos tendem a mostrar-se mais cooperativos do que organizações, em razão das complexidades em um e outro caso, particularmente em virtude da questão do poder inerente à decisão de cooperar.

Para existir cooperação, é necessário algum sucesso compartilhado, na mesma empreitada ou na mesma área. O patamar de sucesso atingido que faculta alguma cooperação é o mesmo no qual desponta a rivalidade, que pode manter-se dentro de parâmetros construtivos se a cooperação, de alguma forma, for mantida.

A cooperação é muito importante para o desenvolvimento das atividades e processos da empresa. Essa afirmação não é um truísmo em si, mas uma reflexão válida em relação ao grau de adesão das pessoas àquelas ações da organização manifestadas pelo fazer, observar, criticar, propor, corrigir, sugerir, impulsionar e outros comportamentos em um nível taxonômico afetivo relativamente elevado.

Do ponto de vista interno, a cooperação é a antessala da cultura organizacional de criação. Externamente, pode significar consolidação institucional e expansão do campo de ação.

Criação

É a expressão ou via ideal de uma cultura organizacional sadia e, da mesma forma, a melhor maneira de se implantar uma nova cultura na organização. Pode levar algum tempo para que pessoas competentes, selecionadas, motivadas, bem lideradas e pertencentes a uma empresa ou instituição relevante desenvolvam uma cultura organizacional caracterizada pela criação ou para que até mesmo, a despeito do atendimento de todas essas condições, venham, algum dia, a possuí-la. A cultura organizacional de criação, mais do que uma síntese, é uma essência.

Além das condições citadas no parágrafo anterior, do ponto de vista interno, necessita-se de relações intra e intergrupais bem desenvolvidas e estáveis, de sentimentos difusos de autonomia, liberdade e confiança, de estímulos equilibrados entre o estresse e o bem-estar, de condições materiais no mínimo satisfatórias e, acima de tudo, de uma visão inspiradora que dá sentido à missão comum.

Externamente, a organização que se caracteriza pela criação tende a tornar-se exponencialmente bem-sucedida, na medida em que passa a ser capaz de influir na conformação do ambiente no qual atua. Não é difícil reconhecer um punhado de empresas e instituições que desfrutam hoje dessa condição, algumas capazes mesmo de influírem na modelagem de conjunturas.

Independentemente do que produzam – bens ou serviços –, criam conhecimento a partir do que desenvolvem.

Concluindo parcialmente

Obviamente, esses comportamentos e expressões são tipos ideais, atenuados, na realidade, em transições e combinações múltiplas. Com a apresentação desses tipos, pretende-se sugerir uma base teórica para as pesquisas de campo.

Mas há interesses de natureza metodológica na discussão dessas expressões de cultura organizacional, independentemente de sua delimitação empírica, pois modelos de conduta profissional dos indivíduos podem ser internamente estimulados ou desestimulados, enquanto a conduta corporativa (externa), embora decorra de decisões gerenciais, necessita de suporte interno. Por essa razão, os comportamentos enfocados anteriormente devem ser apreciados interna e externamente, em particular quanto ao significado de seu contraste. Uma organização que se caracterize como criativa, inovadora e arrojada pode estar desenvolvendo, inconscientemente, uma cultura conservadora, expondo-se, assim, à ação dos seus competidores e à rigidez de processos. Em outro caso, uma organização sujeita a reveses por se mostrar muito conservadora pode vir a promover uma cultura de mudança. Organizações bem-sucedidas e estáveis tendem a não exibir grandes contrastes entre as manifestações internas e externas de sua cultura organizacional.

Principais determinantes

Os aspectos internos e externos que determinam a cultura organizacional de uma empresa ou instituição são, por definição, menos suscetíveis de intervenção ou modelagem por parte das lideranças corporativas. Pode-se dizer que são dados quase que estruturais com os quais a organização deve lidar. Essas determinantes podem se alterar em razão de modificações sociais, tecnológicas, políticas e econômicas que se refletem nos ambientes interno e externo, sem que se possa dizer com segurança se rápida ou lentamente.

Missão

A missão pode ser traduzida no(s) objetivo(s) da organização. É a determinante de direção de todas as ações corporativas. Ela pode ser alterada sem que isso signifique o fim da empresa ou instituição, o que acontece com a maioria das organizações longevas, e decorre de uma oportunidade percebida no ambiente externo. O estudo da história de empresas e instituições antigas mostra que, mesmo mantendo-se numa determinada esfera de mercado ou de atendimento a uma demanda social, muitas delas alteraram seus objetivos à medida que foram percebendo modificações no ambiente externo que as compeliram ou estimularam a acrescentar, reduzir ou modificar as missões que se propunham a cumprir. Uma missão sem demanda não se sustenta, daí ser uma determinante. Em vez de se adotar a perspectiva de "criação de necessidades", é melhor reconhecer que as necessidades reais existem, conscientes ou não, precisando ser descobertas para inspirarem "missões".

Das determinantes aqui estudadas a missão é a que exerce maior influência na atitude e no discurso do integrante da organização, em todos os níveis funcionais. A missão de uma organização é afim à sua política, ou seja, aos seus objetivos (nem sempre totalmente divulgados), como ocorre com organizações submetidas à intensa concorrência ou antagonismo.

Independentemente da proteção da política da organização ligada à sua missão, a percepção desta, disseminada pela organização, traz inúmeros benefícios ao desenvolvimento das atividades e processos internos, dando-lhes foco, sentido e direção, particularmente nos processos decisórios, em todos os níveis.

Por outro lado, a missão, como uma determinante da cultura organizacional de uma empresa ou instituição, tem efeitos externos, pois lhe confere boa parte de sua identidade, servindo como atrativo às pessoas que, por suas aptidões e personalidade, se identificam com ela. Repercute, portanto, favoravelmente nos demais aspectos determinantes que serão analisados a seguir.

Entorno organizacional

Agrupam-se nessa determinante os fatores sociais, políticos, econômicos e tecnológicos que conformam o ambiente externo à organização e nela repercutem, seja na sua missão ou não. Uma modificação nesses campos pode refletir nos processos e atividades da organização, bem como na sua estrutura, sem alterar-lhe a missão, mas importa reconhecer como esses fatores determinam a cultura organizacional.

Um dos exemplos mais evidentes de determinantes de alterações da cultura organizacional tem sido de natureza social: a entrada da mulher em praticamente todas as áreas do mercado de trabalho. São evidentes as modificações na cultura organizacional de uma empresa ou instituição que recebe mulheres na sua estrutura, a começar pela maior ênfase na negociação e no convencimento, nas formas indiretas de abordagem de questões difíceis, em mais continuidade nas missões rotineiras e na maior percepção de detalhes, tudo resultante de fatores antropológicos.

Por fatores políticos que determinam uma cultura organizacional numa empresa ou instituição deve-se entender a moldura legal e de opinião decorrente do exercício do poder numa determinada sociedade. Além das medidas legais que emanam da ação legislativa, da imposição da lei pelo Estado e da contínua interpretação judicial de ambas, as determinantes políticas se fazem sentir sobre a organização pela ideologia e pela composição com o poder.

Já as determinantes econômicas, muito mais do que impor efeitos nos processos internos da organização, ditam objetivos e induzem dinâmicas de gerenciamento e decisão. É natural que, em períodos de maior disponibilidade de recursos financeiros e demanda elevada, prevaleçam critérios de descentralização com concessão de maior autonomia decisória em distintos níveis de administração. A intensidade da atividade econômica repercute também na complexidade do conjunto de atividades no interior das organizações, tornando-as mais sofisticadas e potencialmente flexíveis.

A tecnologia determina alterações radicais, interna e externamente, a uma cultura organizacional, aumentando o peso das condicionantes sociais e econômicas que agem sobre uma organização ou instituição, como no caso da internet. Outros exemplos, para não falar dos processos de produção, são a adoção da intranet, da videoconferência e do compartilhamento de bancos de dados.

Lideranças

Não devem ser confundidas com pessoas, mas entendidas como a forma pela qual determinadas pessoas influem sobre as demais ou dirigem as atividades da organização, o que, como é sabido dos estudos de liderança, decorre em grande parte de circunstâncias ambientais que cercam a organização. Um ambiente externo caracterizado por elevado grau de institucionalização e consociativismo induz uma liderança discreta e impessoal. Épocas de instabilidade e conflitos que abrem novas oportunidades exigem lideranças fortes e emblemáticas que encarnem em personalidades excepcionais os atributos desejáveis ao momento, como audácia, energia e inovação. É fácil verificar também que a liderança não depende apenas dos aspectos do entorno organizacional, anteriormente visto. Ainda que condicionada pelo entorno, a liderança depende também da missão da organização e de seus integrantes.

Importante lembrar que muito do que ocorre nas atividades da organização depende da liderança nela praticada. Novamente, esses aspectos ultrapassam as pessoas, pois muitas vezes líderes marcantes que fazem acontecer, por diversas razões, não duram ou não são característicos para uma organização. Isso serve para reiterar que a liderança, embora seja um aspecto eminentemente interno à organização, tem também origens externas a ela.

Em suma, a liderança está intrinsecamente ligada à cultura organizacional da empresa ou instituição. Nem sempre a organização consegue adotar o tipo de liderança que, do ponto de vista interno, parece lhe convir. Mais realista é admitir que o tipo de liderança que se pratica numa organização é uma combinação de demandas internas e externas.

Integrantes

Talvez essa seja a determinante que faculta às lideranças corporativas algumas oportunidades de modificação do ambiente interno. Pessoas podem ser motivadas e orientadas, mas principalmente treinadas, ensinadas e educadas. Porém, para levar em consideração os integrantes da organização como uma determinante de sua cultura, é importante ter em conta que eles são produto de sua formação, recrutamento, carreira e relacionamento com outros grupos.

A formação do profissional lhe confere, além das habilitações requeridas para o exercício de cargos e funções, a identidade profissional, os valores e as atitudes. A pessoa retém consigo, durante algum tempo, a maior parte da carga cognitiva e afetiva que recebeu na sua origem, o que define o *momentum* de sua formação, ou seja, o período no qual aplicará idealmente aqueles ensinamentos.

O recrutamento diz respeito não apenas à seleção e seus critérios, mas também à intenção de vinculação da pessoa com a organização, um aspecto normalmente ligado a motivações, inclinações ou preferências. Esse aspecto faz muita diferença na solidez dos laços entre a organização e seus integrantes e nem sempre está dentro do seu alcance influir na condução do recrutamento, por vezes influenciada por aspectos políticos, econômicos ou sociais.

A carreira expressa a permanência do integrante na organização, caracterizando-se sua qualidade pela possibilidade de recompensa traduzida em realização, remuneração, prestígio ou poder. Uma expectativa de carreira se constitui, além de valioso atrativo de talentos, em diretriz duradoura de uma cultura organizacional, na medida em que ela prefigura desempenhos profissionais em um futuro relativamente longo.

É possível identificar, portanto, grupos dentro de uma organização segundo suas origens e recrutamento, perscrutando suas atitudes no ambiente profissional. No entanto, o relacionamento desses grupos com a direção da organização, os demais grupos profissionais e o ambiente externo, bem como sua expectativa de participação no poder e de mudança de *status* condicionam também a cultura organizacional de uma empresa ou instituição.

História

O que a organização tem realizado, o seu papel na sociedade, a maneira como é vista pelas congêneres e pelos seus usuários ou clientes condicionam sua cultura organizacional através da autoimagem, que, por mais autônoma ou independente que pretenda ser, acaba se firmando também em função de estímulos externos. A organização pode influir na construção de sua imagem externa, mas não a controla inteiramente, pois isso decorre tanto do entorno organizacional, analisado anteriormente, como da interpretação dos fatos que lhe dizem respeito e que constituem sua história.

Na organização há também a história das pessoas que a criaram ou desempenharam papéis relevantes no seu desenvolvimento, consolidação e mudanças de rumo. É promissor investigar as fases mais características da história das organizações e a história das pessoas que dela fizeram parte, podendo daí surgirem relações que contribuam para a identificação de expressões e determinantes da cultura organizacional na empresa ou instituição.

Independentemente do seu foco, pessoal ou institucional, os estudos históricos desenvolvidos da maneira axiologicamente mais neutra possível e de forma independente em relação à empresa ou instituição são, invariavelmente, os mais úteis. Além das contribuições que os estudos históricos sobre empresas e instituições oferecem para a análise de decisões e tendências, eles constituem talvez uma das principais vias de interação com o entorno organizacional, possibilitando a compreensão de fenômenos passados e sua avaliação prospectiva.

Concluindo parcialmente

Missão, entorno organizacional, liderança, integrantes e história foram as determinantes consideradas para enfeixar o conjunto de fatores que fazem com que uma cultura organizacional se desenvolva numa empresa ou instituição. Essas determinantes poderiam também ser agrupadas de outra forma (e o são em outras fontes, por diversos autores). Com a presente esquematização, pretende-se cobrir uma gama de fatores e categorias de fenômenos cujos estudos permeiam as ciências exatas, as engenharias, as ciências sociais aplicadas, as ciências humanas, a linguística, as letras e as artes, bem como o ambiente, as pessoas e os processos envolvidos.

Como fator de estímulo ao aprendizado contínuo

As expressões da cultura organizacional e suas determinantes, analisadas nos tópicos anteriores, compõem um quadro teórico de observação que serve às duas primeiras áreas de concentração inicialmente sugeridas para o campo de pesquisa em questão: (i) identificação da cultura organizacional nos processos e atividades da empresa ou instituição e (ii) seus nexos conceituais e metodológicos com outras ciências e disciplinas.

É razoável aduzir a esse quadro de observação o quadro da intencionalidade, segundo o qual a cultura organizacional é útil à empresa ou instituição, se for bem desenvolvida. Esse segundo quadro estaria baseado nas duas outras áreas de concentração inicialmente propostas: (i) conhecimentos anteriores desenvolvidos pelos estudos de qualidade e estratégia empresarial e (ii) metodologias de identificação e validação da cultura organizacional.

Equilibrada entre a perspectiva humanista e a sistêmica, a cultura organizacional adequadamente desenvolvida estabelece vínculos entre o indivíduo e a organização, promove autonomia, autodesenvolvimento e crescimento profissional e reforça a identidade profissional, para que a empresa ou instituição produza conhecimento, uma vez atingida a sua expressão mais desejável: a criação, tal como apresentado.

Nas sociedades modernas a relevância das empresas e das instituições lhes reserva outro papel de grande relevância, qual seja: contribuir para o desenvolvimento das pessoas, desde que nelas aconteça o encontro entre trabalho e educação. Produzir conhecimento organizacionalmente demanda a comunhão de inúmeros fatores, segundo as expressões e as determinantes de uma cultura organizacional, as quais se refletem nos indivíduos que integram uma empresa ou instituição. Para isso, é necessário que seja estimulada uma nova dinâmica nas pessoas que perdurarão na organização ou no *métier*, centrada na atitude de abertura à informação, a novas metodologias, processos, ferramentas, tecnologias e técnicas.

O aprender a aprender nasce dessa atitude. Para isso, é essencial que os profissionais reconheçam que, diante da impossibilidade de os currículos profissionais abarcarem todas as informações que aumentam exponencialmente, o *momentum* de sua formação se reduz na mesma proporção, caso não haja continuidade paralelamente ou no próprio trabalho. Isso não depende apenas do integrante da organização, mas também de suas lideranças corporativas, à medida que oportunizem as contribuições das pessoas para o conhecimento da empresa e garantam a correspondente recompensa.

Na verdade, isso ocorre ainda na maioria das organizações de maneira aleatória e não sistemática, seja devido à sobrevivência do grupo ou por razões profissionais de indivíduos, seja por uma inércia inconsciente de natureza corporativa. A questão está atualmente na conveniência de implantar o aprendizado continuado na organização de maneira sistematizada.

Limites e oportunidades de flexibilização

Em que consiste a produção corporativa de conhecimento? É o desenvolvimento de soluções próprias a partir não só de seus processos de pesquisa e desenvolvimento (P&D), mas também por intermédio do aprendizado contínuo em todos os níveis da organização, mediante a absorção de conhecimentos produzidos externamente e a avaliação crítica dos próprios processos, ambas sistematizadas com vistas à consolidação de novos conhecimentos.

Independentemente das soluções de sistematização que venham a ser adotadas, caso admitida a intencionalidade, uma cultura organizacional desejável é, em última análise, uma cultura de aprendizado, uma característica histórica de organizações relevantes e duradouras que aprenderam a aprender consigo mesmas, renovando-se e adaptando-se continuamente.

A confiança é o patrimônio corporativo que sustenta tal cultura. Sem ela, dificilmente prosperará um ambiente de contínuo aprendizado e, consequentemente, de renovação. A produção corporativa de conhecimento apresenta as oportunidades de flexibilização de uma cultura organizacional, ou seja, induz mudanças quando o processo sistêmico que cria conhecimento emite sinais de que a organização não o está produzindo de forma consentânea ao entorno organizacional. Mas os limites dessa flexibilização são definidos pela confiança quanto ao futuro das pessoas, da organização, bem como em relação às intenções e aos propósitos das lideranças. Gerar confiança é essencial para produzir conhecimento pelo aprendizado, pois este se dá em todas as direções e oportunidades, nos acertos e nos erros, a partir do compromisso com a excelência. Em relação a esse aspecto, o clima de confiança vigente na corporação e os resultados das práticas de reengenharia nas empresas nos anos 1990, devidamente contextualizadas, no tocante à dissipação de capital humano acumulado, merecem uma desapaixonada avaliação.

Também as dinâmicas afetivo-cognitivas precisam ser desenvolvidas para que essa produção corporativa de conhecimento se estabeleça na organização. Elas devem envolver não somente aqueles diretamente implicados nos processos em pauta, como também aqueles que os supervisionam, pois é impossível que essa produção prospere onde há penalização da iniciativa, da originalidade e da criação. Há de se resolver ainda nessa implementação de dinâmicas a sensível questão de tempo, invariavelmente imbricada à questão da produtividade e, por conseguinte, geradora de tensões. Convém, para tanto, que essas dinâmicas sejam as mais afins possíveis aos processos e às atividades da organização, porém desenvolvidas de maneira consciente e amplamente conhecida quanto às suas finalidades.

Conclui-se que a confiança constitui um aspecto essencial para o desenvolvimento de uma cultura propícia ao compartilhamento de conhecimentos corporativos e ao enraizamento da cultura do aprendizado nas corporações. Ela expande os limites de flexibilização de uma cultura organizacional, na medida em que estimula a criação, sem receios de perda pessoal, de sentido, direção, propósito e oportunidade.

O desenvolvimento de uma cultura de aprendizado como a cultura organizacional ideal é a culminância de um processo observável por intermédio das expressões de resistência, acomodação, imitação, cooperação e criação, o qual acontece em uma organização segundo as determinantes de missão, entorno organizacional, liderança, integrantes e história, e por meio do estímulo ao aprendizado contínuo baseado na confiança.

Considerações finais

Pela relevância do papel que desempenham na sociedade, as empresas e as instituições deveriam ser estudadas no conjunto dos seus processos, abrangendo políticas, estratégias, integrantes, estruturas, enfim, em todos os seus aspectos não materiais, interagindo com diversas ciências e disciplinas. Essa é uma das propostas deste capítulo: deslocar a cultura organizacional de uma posição periférica e de indefinição para uma posição central, no campo do conhecimento.

Sem isso, a cultura organizacional continuará a ser citada, apontada e mencionada por estudiosos de diversas origens, formações e interesses, sem constituir uma BASE FORMAL própria e uma BASE ESPECÍFICA para outros campos de pesquisa. Sem isso, os integrantes de empresas e instituições saberão que ela existe, sem entender o que ela é e como pode ajudá-los.

A empreitada é promissora, pois é possível visualizar a criação de uma área de conhecimento de interesse direto para organizações de diferentes naturezas e propósitos, todas responsáveis pela geração de empregos e renda, de riqueza e conhecimento. O campo de interesse é vasto e proporciona espaço para a pesquisa científica aplicada aos problemas práticos das empresas e instituições apreciadas no seu todo, no conjunto de suas condições não materiais.

Outra proposta é fazer da cultura organizacional um aprendizado da empresa ou instituição para que esta gere conhecimento aplicado à sua atividade, um processo que sempre ocorreu, mas para o qual muitas organizações devem ainda despertar.

Ambas as propostas abrem uma perspectiva para a cultura organizacional como campo de interesse estratégico para a capacitação corporativa das empresas brasileiras de maneira endógena, autônoma e aberta a novos conhecimentos, criando uma dinâmica própria ajustada à realidade nacional.

Por outro lado, a internacionalização das empresas nacionais e a inserção múltipla do país no cenário mundial possibilitam a sistematização da experiência empresarial brasileira, graças a essa expansão de atividades, e a consequente comparação com outros modelos. Apresentam-se, portanto, novas necessidades e novas oportunidades.

Finalmente, do ponto de vista acadêmico, a contínua expansão do conhecimento não justifica compartimentações. Ao contrário, promove cada vez mais integração entre áreas de conhecimento, sem que se deva temer que a criação de uma nova disciplina se dê em detrimento de outras. Respeitadas as condições da investigação científica, não há limites na abertura de novos campos de conhecimento – existem somente desafios.

Questões para reflexão

1. Cite, na ordem taxonômica de rejeição/aceitação, os comportamentos típicos indicativos da cultura organizacional de uma empresa ou instituição, apresentando um exemplo sintético para cada um deles.
2. Quais são as determinantes da cultura organizacional de uma empresa ou instituição?
3. Apresente as razões para o adequado desenvolvimento de uma cultura organizacional numa empresa ou instituição.
4. O que condiciona os limites e as oportunidades para flexibilização de uma cultura organizacional?
5. Defina, com suas próprias palavras, o significado de uma cultura de aprendizado.

Sugestões de pesquisas futuras

1. Identificação e descrição dos comportamentos de resistência, imitação, acomodação, cooperação e criação manifestadas nos processos e atividades de uma empresa ou instituição, num momento específico.
2. Levando em consideração o conceito de cultura organizacional proposto, apresentação dos conhecimentos (disciplinas e conteúdos, se for o caso) da sua área de formação profissional que podem concorrer

para a cultura organizacional da sua empresa ou instituição, tendo em vista não somente os processos e as atividades, mas também os aspectos externos da atuação da organização.

Referências

1. Capes – Fundação Coordenação de Aperfeiçoamento de Pessoal de Nível Superior. [**Tabelas das áreas de conhecimento**]. Disponível em: <http://www.capes.gov.br/images/stories/download/avaliacao/TabelaAreasConhecimento_042009.doc>. Acesso em: 10 ago. 2010.

2. Bunge, M. **Ciência e desenvolvimento**. Belo Horizonte: Itatiaia; São Paulo: Edusp, 1980.

3. Sampieri, R. H.; Collado, C. F.; Lucio, P. B. **Metodologia da pesquisa**. 3. ed. São Paulo: McGraw-Hill, 2006.

4. De Masi, D. **Criatividade e grupos criativos**. Rio de Janeiro: Sextante, 2003.

5. Galbraith, J. K. **Anatomia do poder**. São Paulo: Pioneira, 1984.

6. Horta, R.; Renato, P. **Cultura organizacional e gestão da inovação tecnológica**. 2009. Disponível em: <http://www.institutoinovacao.com.br/internas/artigo/idioma/1/169>. Acesso em: 10 ago. 2010.

7. Mamede, A. A. C. **A influência da cultura organizacional nos processos de mudança**. Disponível em: <http://www.biblioteca.sebrae.com.br/bds/BDS.nsf/cab3f008df2e175e03256d110062efc4/4ad4782e13b055cb03256ef600506f48/$FILE/NT00090F7A.pdf>. Acesso em: 10 ago. 2010.

8. Seldin, R.; Rainho, M. A. F.; Caulliraux, H. M. **O papel da cultura organizacional na implantação de sistemas integrados de gestão**: uma abordagem sobre resistência às mudanças. Disponível em: <http://www.gpi.ufrj.br/pdfs/artigos/Seldin,%20Ferruccio,%20Caulliraux%20-%20O%20Papel%20da%20Cultura%20Organizacional%20na%20Implantacao%20de%20SIGs%20-%20%20VI%20SIMPOI%20-%202003.pdf>. Acesso em: 10 ago. 2010

Kira Tarapanoff

(Org.)

Doutora em Estudos e Ciência da Informação (1981) pela Sheffield University, Department of Information Studies, Inglaterra – onde concluiu também um pós-doutorado (1990) como professora visitante – e mestre em Biblioteconomia pela School of Librarianship da Emory University, Atlanta, Geórgia, EUA (1975). Foi professora de graduação e pós-graduação (mestrado e doutorado) do Departamento de Ciência da Informação e Documentação da Universidade de Brasília – UnB, tendo atuado como pesquisadora e consultora em vários órgãos públicos, como o Centro de Gestão e Estudos Estratégicos – CGEE, do Ministério da Ciência e Tecnologia – MCT; a Secretaria de Tecnologia Industrial – STI, do Ministério de Desenvolvimento, Indústria e Comércio Exterior – MDIC; e o Instituto Brasileiro de Informação em Ciência e Tecnologia – IBICT, do MCT. Em 2001, publicou pela Editora da UnB uma coletânea sob o título de "Inteligência organizacional e competitiva" e, em 2006, o livro "Inteligência, informação e conhecimento em corporações", numa coedição do IBICT com a Organização das Nações Unidas para a Educação, a Ciência e a Cultura – Unesco.

Os papéis utilizados neste livro, certificados por instituições ambientais competentes, são recicláveis, provenientes de fontes renováveis e, portanto, um meio responsável e natural de informação e conhecimento.

FSC
www.fsc.org
MISTO
Papel produzido a partir de fontes responsáveis
FSC® C103535

Impressão: Reproset
Novembro/2017